KB253376

과학기술의 개척자들

갈릴레오에서 아인슈타인까지

차례
Contents

그래도 지구는 돈다? 갈릴레오 갈릴레이

근대과학의 기수, 갈릴레오

근대과학은 16~17세기의 유럽에서 발생했던 '과학혁명(The Scientific Revolution)'을 통해 출현했다. 과학혁명을 계기로 천문학, 역학, 생리학 등에서 내용상의 중요한 변화가 있었고, 실험과 수학이 과학적 방법으로 자리 잡기 시작했으며, 과학단체가 결성되는 가운데 과학의 사회적 지위도 향상되었다.

갈릴레오 갈릴레이(Galileo Galilei, 1564~1642)는 과학혁명의 주역 가운데 한 사람으로서 천문학과 역학의 변혁에 크게 기여했다. 당시에는 성(姓)이 흔하지 않았고 이름을 중시했으므로 갈릴레오 갈릴레이를 줄여서 부를 때에는 '갈릴레오'라고 하는 것이 적합하다.

갈릴레오에 관해서는 숱한 이야기들이 따라다닌다. 피사의 사탑에서 무거운 물체와 가벼운 물체가 동시에 떨어지는 실험을 했던 사람, 망원경을 손수 제작하여 지동설에 관한 증거를 찾아낸 사람, 종교재판으로 박해를 받기도 했지만 "그래도 지구는 돈다"라고 중얼거린 사람 등이 그것이다. 이러한 이야기들은 어느 정도 사실일까?

갈릴레오는 1564년에 이탈리아의 피사에서 빈센초 갈릴레이(Vincenzo Galilei)의 장남으로 태어났다. 1564년은 르네상스 시대의 대표적인 화가인 미켈란젤로가 죽고 영국의 대문호인 셰익스피어가 태어난 해이기도 했다. 갈릴레오의 집안은 귀족 집안이었지만 그가 태어났던 때에는 가세가 기울고 생활이 극히 어려운 형편이었다. 게다가 1591년에는 아버지가 사망하는 바람에 갈릴레오는 가족을 부양해야 하는 부담도 가졌다. 갈릴레오가 다른 과학자들과는 달리 이재(理財)에 밝았던 것은 이러한 점에서 연유한 것으로 보인다.

갈릴레오는 아버지로부터 글을 배운 후 열네 살에 수도원에 입문하여 3년 동안 생활했다. 수도원에서 갈릴레오는 그리스의 유명한 철학자이자 과학자인 아리스토텔레스에 심취했고, 어떻게 해서든지 자신도 유명한 과학자가 될 것이라고 마음먹었다. 동시에 수도원 생활은 갈릴레오가 나중에 교회의 권위와 마찰을 일으켰음에도 불구하고 평생 동안 독실한 가톨릭 교인으로 살아갈 수 있는 발판으로 작용했다.

갈릴레오는 열일곱 살이 되었던 1581년에 아버지의 권유로 피사 대학의 의학부에 입학했다. 그러나 갈릴레오에게 의학 강의는 매우 유치한 것이었다. 그는 의학부에 다니면서도 수학과 과학에 열중했다. 그는 아리스토텔레스의 저작을 많이 읽으면서 거기에 나타난 몇 가지 문제점

근대과학의 출현에 크게 기여한 갈릴레오 갈릴레이.

을 인식하기 시작했고, 점차 기록되어 있는 지식보다도 자연 현상 자체를 중요시하는 태도를 가지게 되었다. 이 때문에 갈릴레오는 과거의 학설을 맹목적으로 수용하는 교수들과 잦은 논쟁을 벌였고, 급기야 '논쟁꾼'이라는 별명을 얻기도 했다.

진자의 등시성과 낙하실험

갈릴레오는 열여덟 살 때 진자의 등시성을 발견한 것으로 알려져 있다. 어느 날 피사의 로마네스크 성당에 들어선 갈릴레오는 천장에서 길게 늘어져 흔들리는 샹들리에를 보았다. 그는 손목의 맥박을 재면서 샹들리에의 흔들림을 유심히 관찰하다가 "그렇다! 틀림없다!"라고 소리를 쳤다. 샹들리에의 흔들리는 폭은 점점 줄어들었으나 흔들림이 크건 작건 한 번 왕복하는 데 걸리는 시간은 동일했다. 당시만 해도 흔들거리는

물체의 폭이 좁을수록 시간이 적게 소요될 것으로 믿어지고 있었지만 갈릴레오는 진자가 진동하는 주기가 진폭과는 관계없이 일정하다는 사실을 발견했다는 것이다.

그러나 이러한 일화는 신빙성이 떨어진다. 왜냐하면 갈릴레오가 1583년에 보았다는 로마네스크 성당의 샹들리에는 1587년에 설치되었기 때문이다. 그 일화는 대부분의 사람이 종교적 의례에 시간을 낭비하고 있을 때 갈릴레오는 과학적 진리를 추구하는 데 전념하고 있었다는 점을 부각시키기 위해 만들어진 것으로 보인다. 물론 갈릴레오가 진자의 등시성을 처음 발견한 것은 역사적 사실로 인정되고 있지만, 샹들리에가 흔들리는 순간에 그러한 업적을 달성했다고 보기는 어렵다.

갈릴레오는 1589년에 친구 수학자들의 도움으로 피사 대학에서 수학을 강의하는 교수 자리를 얻을 수 있었다. 당시에 그는 아르키메데스의 저술을 분석한 『작은 저울』이라는 소책자에서 저울에 대한 개량된 설계를 제시하여 과학자 사회의 주목을 받은 바 있었다. 갈릴레오는 학생들에게 낡은 지식을 그대로 가르치지 않았고, 아리스토텔레스의 학설 중 잘못된 점을 지적하면서 강의했다. 심지어 갈릴레오는 대학인이 항상 가운을 입어야 한다는 규정에 대해 신랄하게 비판하는 풍자의 글을 쓰기도 했다. 이 때문에 선배 교수들은 그를 매우 싫어했으며, 갈릴레오도 피사 대학에서 활동하는 데 많은 제약을 받았다.

피사 대학 시절에 있었던 유명한 일화로는 피사의 사탑에서 벌어진 공개 실험을 들 수 있다. 전하는 이야기에 따르면, 갈릴레오가 무게가 다른 두 개의 물체를 동시에 땅에 떨어뜨렸을 때 두 물체가 동시에 '쿵' 하는 소리를 내면서 땅바닥에 떨어졌고, 이 실험을 목격한 사람들은 크게 놀랐다.

그러나 이러한 실험이 성립하기 위해서는 진공 상태가 가정되어야 하는데, 피사의 사탑 부근을 진공으로 만든다는 것은 상상하기 어렵다. 게다가 갈릴레오가 활동했던 시절에는 진공 상태를 유지할 수 있는 방법이 개발되지 않았다. 일상적인 판단에 따르면 무거운 물체가 가벼운 물체보다 빨리 떨어지며, 우리는 이것이 공기의 저항력에서 기인한 것으로 알고 있다. 흥미롭게도 갈릴레오에 앞서 네덜란드의 과학자 스테빈(Simon Stevin)이 1586년에 낙하실험을 실시했다는 기록도 있다.

그렇다면 갈릴레오는 어떻게 해서 낙하운동에 관한 법칙을 알아낼 수 있었을까? 그것은 아르키메데스의 논의를 이론적으로 추상화하는 과정에서 얻어졌다. 아르키메데스는 낙하하는 물체의 속도가 그 물체의 밀도와 공기의 밀도의 차이에 비례한다고 생각했다. 갈릴레오는 이를 받아들인 후에 매체의 밀도가 영(zero)인 상황, 즉 진공을 가정했다. 진공의 상황에 아르키메데스의 논의를 적용해 보면 낙하하는 물체의 속도는 그 물체의 밀도에 비례하게 될 뿐 무게와는 상관없게 되는 것이다.

갈릴레오는 자신의 연구를 더욱 발전시켜 1590년경에 『운동에 관하여』라는 습작 노트를 집필했는데, 당시의 갈릴레오의 운동이론은 완전히 새로운 것이라기보다는 아리스토텔레스의 잔재가 남아 있는 과도기적 형태를 띠고 있었다.

망원경으로 본 우주의 진실

갈릴레오는 1591년에 파도바 대학으로 자리를 옮겼다. 피사 대학과 달리 파도바 대학은 사상의 자유를 보장했으며 독자적으로 대학을 운영하고 있었다. 파도바 대학에서 갈릴레오는 당시에 널리 소개되기 시작한 새로운 지식들을 폭넓게 익혔다. 갈릴레오는 천문학을 공부하면서 코페르니쿠스의 지동설에 공감하게 되었고, 1597년에는 케플러(Johannes Kepler)의 『우주의 신비』를 지지하는 편지를 쓰기도 했다. 그때 케플러는 갈릴레오의 생각을 공개할 것을 종용했지만, 지동설을 공개적으로 지지하면 가톨릭 교인으로서의 입장이 곤란해진다는 생각에 갈릴레오는 그 편지를 없애 버렸다.

갈릴레오는 결혼을 하지는 않았지만 마리나 감바(Marina Gamba)와 세 명의 아이를 두었다. 그들은 1600년에 첫딸인 비르지니아(Virginia)를, 1601년에 둘째 딸인 리비아(Livia)를, 1606년에는 아들 빈센치오(Vincenzio)를 낳았다. 갈릴레오는 딸이 사생아이기 때문에 결혼해서는 안 된다고 여겼다. 두 딸은 아르체트리의 성 마테오 수녀원으로 보내졌다. 비르지니아는 수녀원에 들어가 마리아 첼레스테(Maria Celeste)라는 이름을 받았는데, 그녀는 아버지에게 수백 통의 편지를 보낸 것으로 유명하다. 그녀는 1634년에 죽었으며, 갈릴레오와 함께 피렌체의 산 타 크로체 대성당에 묻혔다.

한편, 1608년 10월에 네덜란드의 안경 제작자인 리페르세 이(Hans Lippershey)가 망원경에 대한 특허를 신청했다. 1609년 7월에 이 소식을 접했던 갈릴레오는 설명서를 구하여 스스로 망원경을 제작했다. 처음에 제작된 망원경은 장난감에 가까웠지만 점차 선명도와 배율이 높은 것으로 개량되었다. 1610년 봄에 갈릴레오는 망원경의 배율을 30배로 향상시켜 그것으로 하늘을 관찰했으며, 그 결과를 『시데레우스 눈치우스(Sidereus nuncius: 별의 소식을 전하는 사람이라는 뜻)』로 출간했다.

갈릴레오가 망원경을 통해 본 하늘은 놀랄 만한 것이었다. 그는 곧 관측 사실을 바탕으로 코페르니쿠스 우주론의 적합성을 선전하여 일약 스타로 부상했다. 우선 갈릴레오는 별들의 크기가 육안으로 보는 것보다 훨씬 작다는 것을 알았다. 그것은 별이 지구로부터 멀리 떨어져 있음을 의미하는 것으로서 '무한우주'의 관념을 뒷받침했다.

또한 그는 달의 표면이 거의 지구의 표면과 같이 울퉁불퉁한 것을 보았는데, 그것은 달이 천상계와 지상계를 구분하는 기준이 된다는 이전의 생각과 대비되는 것이었다. 더구나 태양에도 흑점이 있으며 그것이 불규칙하게 운동한다는 관측은 천상계가 완전하고 불변하다는 기존의 관념을 깨뜨리는 데 기여했다. 그리고 목성에도 네 개의 위성이 있다는 그의 관측은 행성인 지구가 달을 가진다는 코페르니쿠스의 우주론을 쉽게 받아들이게 했다.

코페르니쿠스 우주론에 대한 가장 결정적인 증거는 금성의 모양에 대한 관찰로서 지구에서 보이는 금성의 모양은 초승달, 반달, 보름달 모양이 모두 가능하고 보름달 모양의 경우에 금성의 크기가 가장 작으며 반대의 경우가 가장 컸다.

메디치 가문을 활용한 고도의 전략가

갈릴레오는 처세술에 능한 사람이었다. 그는 목성을 도는 위성에 '메디치의 별'이라는 이름을 붙였다. 당시에 토스카나 지방을 지배하고 있었던 메디치 가문을 염두에 둔 것이었다. 그리고 갈릴레오는 『시데레우스 눈치우스』를 토스카나 대공(大公)이었던 코지모 2세에게 헌정했다. 그 책에서 코지모(Cosimo)는 우주(cosmos)에 연결되었고, 코지모 1세는 신들의 아버지인 주피터(Jupiter: 그리스 신화의 제우스)에 비유되었다. 이와 함께 코지모 1세의 미덕이 네 개의 위성을 통해 세상에 널리 퍼진다는 설명도 덧붙여졌는데, 코지모 2세와 그 형제들은 위성의 수와 마찬가지로 네 명이었다.

이렇게 아부하는 과학자를 마다할 권력가가 있겠는가? 코지모 2세는 1610년 가을에 갈릴레오를 '대공의 철학자 겸 수학자'로 임명했다. 요컨대 갈릴레오는 자신이 발견한 별에 유력한 군주의 가문을 연결시킴으로써 궁정인이 되는 데 성공했던 것이다.

　그렇다면 갈릴레오는 왜 궁정인이 되려고 했을까? 쉽게 생각할 수 있는 대답은 경제적인 측면에서 찾을 수 있다. 당시에 대학 교수가 받는 보수는 그리 높지 않았다. 특히, 수학 교수의 보수는 더욱 낮아서 컴퍼스와 같은 기구를 만들어 팔거나 학생들에 대한 개인교습을 부업으로 삼는 경우가 많았다. 갈릴레오도 군사학, 기계학, 천문학 등에 관한 개인교습과 기구 제작으로 경제적 수입을 보충했고, 심지어 자신의 집에 학생들을 하숙시키기도 했다. 갈릴레오는 이와 같은 하찮은 일에 자신의 시간을 소모하는 것을 달가워하지 않았다. 따라서 연구에 필요한 시간을 보장해 주면서 동시에 경제적인 여유를 제공해 줄 수 있는 궁정인은 매우 매력적인 목표가 될 수 있었다. 실제로 갈릴레오는 대공의 철학자 겸 수학자로 임명된 후에 별도로 교육을 할 의무를 가지지 않으면서도 궁정의 고관들이나 받을 수 있는 높은 연봉을 받을 수 있었다.

　이보다 더욱 중요한 이유는 학문적 지위의 상승에서 찾을 수 있다. 여기서 우리는 갈릴레오의 지위가 파도바 대학의 '수학 교수'에서 대공의 '철학자' 겸 수학자로 바뀌었다는 점에 주목할 필요가 있다. 당시에는 교수 사이에도 위계가 존재하여 철학 교수는 수학 교수보다 학문적으로 높은 지위를 누리고 있었다. 철학 교수에게는 현상의 본질과 원인을 탐구할 수 있는 자격이 주어졌던 반면, 수학 교수는 단지 현상을 정확히 서술하는 일을 맡았던 것이다. 이에 따라 수학 교수가 자연현상의 원인에 대해 왈가왈부하는 것은 학계의 규범을 어기는 일에 해당했다. 그것은 갈릴레오에게 심각한 문제가 되었다. 코페르니쿠스의 우주론에 대해 논의하는 것은 자연철학자들의 학문 영역이었기 때문이다. 갈릴레오가 새로운 우주론에 대해 자유롭게 논의하기 위해서는 이러한 학문의 위계를 넘어설 수 있는 자원이 필요했다. 갈릴레오는 그것을 메디치 가문에서 찾았던 것이다.

사실상 갈릴레오와 메디치 가문의 인연은 훨씬 이전부터 시작되었다. 갈릴레오의 아버지는 메디치 가문의 궁정 음악가였다. 갈릴레오는 파도바 대학으로 자리를 옮긴 후에도 메디치 가문과의 연결고리를 놓지 않았다. 그는 코지모 2세의 어린 시절에 수학 교사를 자청하여 방학마다 메디치 궁정을 왕래했다. 1608년에 코지모 2세가 결혼할 때에는 기념 메달의 문장(紋章)을 만들기도 했다. 그것을 통해 갈릴레오는 메디치 가문의 권력을 쇠붙이를 끌어들이는 자석의 힘에 비유했다. 이런 식으로 갈릴레오는 기회가 있을 때마다 메디치 가문에게 자신의 존재를 부각시켰던 것이다.

갈릴레오와 종교재판

갈릴레오의 주장은 가톨릭교회 당국에 큰 불안을 안겨 주었다. 그동안 받아들여졌던 프톨레마이오스의 지구중심설(천동설), 즉 지구가 중심이고 맨 바깥에 신이 사는 하늘인 우주가 있다는 체계가 깨지면 그것에 바탕을 둔 기독교의 교리도

타격을 받을 것이 분명했다. 이런 이유에서 내려진 것이 1616년의 금지령이었다. 이 금지령의 내용은 "코페르니쿠스 우주론은 가톨릭 교리는 물론 참된 철학에도 위배되며 따라서 가톨릭교도는 코페르니쿠스 우주론을 옳다고 주장해서는 안 된다"라는 것이었다. 갈릴레오는 그해 3월에 코페르니쿠스의 견해를 지지하지 않을 것이며 글이나 말로 그것을 가르치지 않겠다고 서약했다.

그러던 중 1628년에는 유식하고 이해심이 많으며 과학에도 조예가 깊다는 평판을 받았던 우르바누스(Urbanus) 8세가 새로운 교황으로 즉위했다. 그는 한때 갈릴레오의 친구이기도 했다. 갈릴레오의 측근들은 프톨레마이오스 우주론과 코페르니쿠스 우주론의 장단점을 공정하게 밝힐 수 있는 책을 쓸 수 있는 허가를 받았다. 그러나 그 결과는 곧 동상이몽(同床異夢)임이 밝혀졌다. 교황은 "교회가 충분한 고찰을 한 후에 코페르니쿠스의 우주론을 금지"한 것임을 보이려고 했던 반면에 갈릴레오는 이번 기회를 통해 코페르니쿠스의 우주론이 우수하다는 점을 알리려고 했던 것이다.

갈릴레오는 이전부터 준비해 두었던 책을 완성하여 1632년에 『두 가지 주된 우주체계에 관한 대화』를 출판했다. 그는 책머리에 "참된 진리는 신만이 아는 것이어서 두 가지 우주구조는 모두 가상적인 것에 불과하고, 따라서 그것의 진위(眞僞)는 결국 교회당국이 정하는 바를 좇아야 한다"라고 기술했다. 그러나 책의 실제 내용은 전혀 달랐다.

그 책은 세 사람이 대화를 하는 형식으로 구성되어 있다. 프톨레마이오스의 주장을 대표하는 심플리치오(Simplicio), 코페르니쿠스의 주장을 대변하는 살비아티(Salviati), 그리고 중립적인 위치에 있는 사그레도(Sagredo)가 그들이다. 살비아티의 명쾌하고 정연한 주장에 대하여 심플리치오는 바보스러운 반박이나 억지 주장을 해 댄다. 살비아티의 주장에 사그레도가 가세하고 둘이 합세하여 심플리치오를 조롱하기도 하여 결국에는 심플리치오가 설득당하고 만다. 이러한 내용은 결국 독자들로 하여금 코페르니쿠스의 우주구조가 분명히 옳고 프톨레마이오스의 우주구조는 믿을 수 없다는 메시지를 담은 것이었다.

『두 가지 주된 우주체계에 관한 대화』는 라틴어가 아닌 이탈리아어로 쓰였고, 갈릴레오의 문장력도 탁월했기 때문에 과학 책으로는 드물게 베스트셀러의 반열에 올랐다. 교회당국은 뒤늦게 자신들의 실수를 깨달았다. 그들은 갈릴레오의 책이 다른 프로테스탄트들보다 가톨릭교회에 더욱 위협적이라고 생각했다. 교회당국을 더욱 분노하게 한 것은 그들이 그 책을 사전검열까지 했다는 사실과 심플리치오의 모델이 교황이라는 소문이었다. 결국 갈릴레오는 로마교황청에 소환되었다. 그때의 죄목은 '1616년에 교회에 행한 서약을 위반했다'는 것이었다.

정식 심문은 1633년 4월에 있었는데, 단 한 번으로 끝나고 말았다. 그렇게도 자신만만했던 갈릴레오가 고문의 위협에 소신을 굽히고 말았던 것이다. 그는 코페르니쿠스의 우주론이

종교재판을 받고 있는 갈릴레오.

가진 문제점을 제시하는 것이 책을 쓴 의도였다고 하면서 이를 분명히 하기 위해 한 장(章)을 더 쓰게 해 달라고 간청하기도 했다. 심판관들은 갈릴레오가 거짓말을 한다는 것을 잘 알고 있었지만 그의 굴복을 받아 낸 이상 그것을 문제 삼지 않았다. 판결은 무기징역으로 내려졌고 이내 가택연금으로 감형되었다.

당시의 상황으로 보아 갈릴레오가 법정을 나서며 "그래도 지구는 움직인다"라고 중얼거렸을 가능성은 희박하다. 이미 그는 나이 70세가 다 된 병든 몸이어서 그런 말을 할 수 있는 용기가 없었을 것이다. 더구나 그는 독실한 가톨릭 교인이었기 때문에 죄를 가진 채 죽어서 교회묘지에 묻히지 못하는 것이 매우 두려운 일이었다. 그 말은 그의 묘비명에 새겨져 있는데, 아마도 훗날 누군가가 만들어 낸 것으로 보인다.

실험과학의 아버지?

판결과 달리 갈릴레오는 하루도 감방에서 자지 않았다. 그는 큰 저택에서 하인까지 부리면서 생활했다. 말년에 갈릴레오는 천문학에 대한 논의는 삼간 채 역학의 연구에 전념한 것으로 알려져 있다. 그러나 그러한 해석은 절반 정도만 맞다. 당시에 갈릴레오는 코페르니쿠스의 천문학이 제기한 역학상의 문제점을 해결하는 데 많은 주의를 기울였던 것이다.

지구가 태양을 돈다면 왜 지구에 살고 있는 사람들은 그것을 느끼지 못하는가? 이에 대한 대답으로 갈릴레오는 운동의 상대성을 제시했다. 운동이란 운동을 하지 않는 물체에 대해 상대적으로 나타나며 그 운동을 함께 하고 있는 물체에 대해서는 나타나지 않는다는 것이다. 예컨대 잔잔한 물 위에서 일정하게 움직이고 있는 배 위의 사람은 자기가 탄 배가 움직이고 있는지 해안선이 움직이고 있는지를 판단할 수 없다. 마찬가지로 지구와 운동을 함께 하고 있는 사람들은 지구의 운동을 느끼지 못하기 때문에 하늘이 움직이는 것으로 생각할 수 있다. 이로써 운동이란 물체가 처한 하나의 상태에 불과하며 물체의 본연적 성질과는 아무런 관계가 없게 되었다. 물체의 성질이 운동에 무관하다면 여러 가지 운동이 한 물체에 동시에 일어날 수 있다. 그 예로서 갈릴레오는 탄환의 포물선 운동이 수평방향의 등속운동과 수직방향의 낙하운동이 결합된 것임을 보일 수 있었다.

또한 갈릴레오는 코페르니쿠스의 천문학이 제기한 문제점을 해결하는 과정에서 초보적인 관성(inertia)의 개념에도 도달했다. 높은 건물에서 물체를 떨어뜨리면 지구가 움직였는데도 불구하고 왜 물체가 뒤처지지 않고 건물 밑으로 떨어지는가? 그는 지상의 모든 물체가 지구의 원운동을 그대로 지니기 때문에 떨어지는 물체가 가지는 수평 방향의 속도는 지구가 원운동을 하는 속도와 같다고 생각했다. 또한, 그는 만약 물체가 지구의 운동에 의한 속도 이외에 수평 방향의 속도를 처음부터 가지고 있다면 물체가 계속 그 속도를 유지하면서 지구의 주위를 회전할 것으로 추측했다. 그렇다면, 마찰이 없는 수평면에서 공을 굴리면 공은 처음 속도와 동일한 속도로 계속해서 굴러갈 것인데, 그것은 수평면을 지구의 중심에서 같은 거리에 있는 면으로 간주할 수 있기 때문이었다.

갈릴레오는 자신의 가설을 증명하기 위하여 흥미로운 실험을 했다. 홈이 파진 두 개의 경사면을 만든 후 그것들을 연결시킨 후 공을 한쪽에서 굴리면 공은 다른 쪽으로 올라가게 된다. 반대쪽 경사면을 가파르게 하면 공의 속도가 줄어들고 공이 움직이는 거리가 감소하며, 이와 반대로 경사면을 낮추면 공의 속도와 움직이는 거리가 증가하지만, 어느 경우든지 공이 올라가는 높이는 같다. 여기서 갈릴레오는 만약 한쪽 경사면을 평면으로 만들면 공은 무한히 쉬지 않고 굴러간다는 추론을 했다. 이처럼 경사면 실험을 통해 그는 외부의 영향력이

없다면 물체가 처음의 운동 상태를 계속 유지한다는 관성의

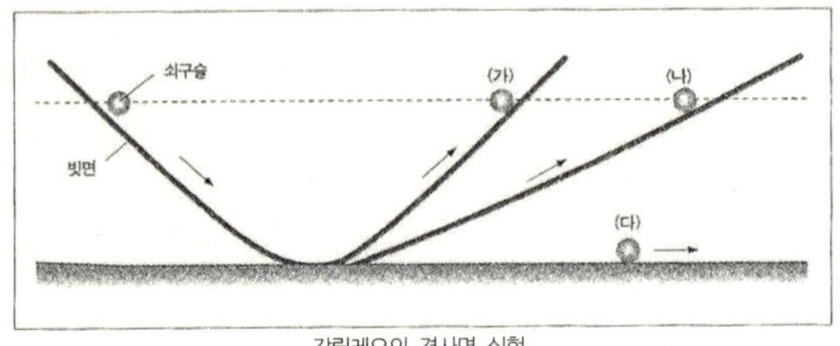

갈릴레오의 경사면 실험.

개념에 접근했던 것이다.

눈이 하나씩 멀어 가는 가운데 갈릴레오는 1638년에 『두 가지 새로운 과학에 관한 논술』을 완성했다. 특히 그 책에서 주목할 것은 갈릴레오가 다룬 역학의 주제들은 기술적인 문제에 자극을 받아 촉진되었다는 점인데, 그 책은 베네치아 공창(工廠)의 정경에 대한 묘사로부터 시작되고 있다. "공창에서 벌어지고 있는 평소의 활동이 역학을 포함한 과학의 새로운 연구 분야를 암시하고 있다"라는 것이었다. 실제로 갈릴레오는 기술자들과 자주 교류했고 그들을 대상으로 기계, 건축, 역학 등을 가르치기도 했다. 그는 학자적 전통은 물론 장인적 전통에도 참여함으로써 '실험과학'이라는 새로운 과학의 방향을 제시했던 것이다.

실제로 갈릴레오는 많은 실험을 했다. 그러나 그의 과학적 업적에서 실험의 위치가 어느 정도였는지는 분명치 않다. 그는 자신의 주장을 검증하기 위해 많은 실험을 했지만, 새로운

사실을 알아내는 데에는 주로 수학적 추론에 의존했다. 갈릴레오에게 실험은 모르는 것을 발견하기 위한 것이라기보다는 이미 알려진 것이나 새롭게 알아낸 것을 확인하는 역할을 담당했던 것이다. 실제로 그는 상식적인 경험을 반대하면서 '수학이 자연의 비밀을 푸는 열쇠'라고 생각했고, 그에게 실험이란 단순한 경험과는 달리 수학적 언어로 정식화된 경험을 의미했다. 갈릴레오의 책에서 과거의 과학에 집착하는 심플리치오가 경험을 강조하는 반면 새로운 과학의 대변자인 살비아티가 이성에 호소하고 있는 것도 이러한 맥락에서 이해할 수 있다.

갈릴레오는 말년에 심한 눈병으로 고생하다가 1642년에 세상을 떠났다. 흥미롭게도 갈릴리오가 숨을 거둔 해에 그의 학문을 계승하여 발전시킨 뉴턴이 태어났다. 갈릴레오가 사망한 지 350년이 지난 뒤에 교황 요한 바오로 2세는 "지난날의 유죄 판결은 다시 되풀이되어서는 안 될 가톨릭교회와 과학 간의 비극적인 상호 이해의 부족에서 비롯된 것"이라고 말함으로써 가톨릭교회가 갈릴레오에게 부당한 대우를 했다고 시인했다. 당시 「뉴욕 타임스」는 다음과 같은 제목의 기사를 실었다.

"350년이 지난 후에 바티칸은 갈릴레오가 옳았다고 말했다. 지구는 돈다."

근대과학을 정립한 최후의 마술사, 아이작 뉴턴

뉴턴이여, 나타나라!

영국의 시인 포프(Alexander Pope)는 다음과 같이 읊었다.

"자연과 자연의 법칙은 캄캄한 밤의 어둠 속에 숨겨져 있었다. 그때 신이 말했다. '뉴턴이여, 나타나라!(Let Newton Be!)' 그러자 모든 것이 환하게 밝아졌다."

1642년 크리스마스에 영국 링컨셔 주의 올즈소프에서 가냘픈 체구의 아기가 태어났다. 태어날 때 얼마나 작았던지, '1리터짜리 단지에 들어갈 수 있을 정도'라고 했다. 동네 사람들은 그 아기가 그리 오래 살지 못할 것으로 생각했다. 그 아기가 바로 역사상 최고의 과학자로 평가되는 뉴턴(Isaac Newton, 1642~1727)

이다.

뉴턴의 어린 시절은 그다지 순탄하지 못했다. 농부였던 아버지는 뉴턴이 태어나기 석 달 전에 세상을 떠났고, 어머니는 뉴턴이 세 살 때 재혼했다. 어머니의 새 남편은 전 남편의 자식을 원하지 않았기 때문에 뉴턴은 외갓집에 맡겨졌다. 외할아버지와 외할머니는 뉴턴을 잘 키우려고 노력했지만 연로한 탓에 뉴턴을 제대로 돌보기 어려웠다. 그래서 뉴턴을 학교에 보내기로 했다. 그것은 뉴턴과 과학계에 큰 축복이었다고 할 수 있다. 만약 아버지가 살아 있었다면, 뉴턴은 아버지의 뒤를 이어 평범한 농부로 살다가 죽었을 가능성이 높았을 것이다.

학교에서도 뉴턴은 외로웠다. 말이 별로 없었고, 늘 생각에 잠겨 있었으며, 공부에만 파고들었다. 그 때문에 뉴턴은 짓궂은 아이들의 표적이 되어 괴롭힘을 당하곤 했다. 그는 평소에는 조용히 지내다가도 화가 나면 불같이 폭발하는 성격을 지니고 있었다. 한번은 덩치가 큰 아이가 계속 괴롭히자 그 아이를 흠씬 두들겨 패기도 했다. 이러한 성격 덕분에 아이들은 감히 뉴턴을 건드리지 못했다.

열한 살 때 계부가 죽자 뉴턴은 어머니가 있는 농장으로 가 함께 살았다. 뉴턴은 열여섯 살 때 어머니의 요청으로 학교를 그만두고 농장 일을 거들었

과학혁명을 완성한 아이작 뉴턴.

다. 그러나 뉴턴은 농장 일에 전혀 소질이 없었다. 가축을 돌보라고 맡겨 놓으면 풀밭에 앉아 책을 읽으며 시간을 보냈다. 그러는 사이에 가축들이 이웃의 밭에 들어가 농작물을 망쳐놓는 바람에 여러 차례 배상을 하기도 했다.

결국 어머니는 아들이 농장 일에 맞지 않다는 결론을 내리고 대학에 보내기로 했다. 여기에는 뉴턴 집안과 가까이 지내면서 그의 재능을 일찌감치 간파한 배빙턴(Humphrey Babington)의 역할이 컸다. 배빙턴은 자신이 특별연구원으로 있던 케임브리지 대학교의 트리니티 칼리지(Trinity College)에 뉴턴이 입학할 수 있도록 추천해 주었다. 게다가 배빙턴은 집안 사정이 좋지 않았던 뉴턴이 자신의 급사로 일하게 했다.

거인들의 어깨에 서서?

당시의 케임브리지 대학은 학문을 탐구하기에 적합한 곳이 아니었다. 여전히 중세 시절의 교육과정을 답습하고 있었고, 과학을 비롯한 새로운 학문은 거의 가르치지 않았다. 뉴턴은 혼자의 힘으로 원하는 공부를 하기로 결심하고 끊임없이 책 속으로 파고들면서 깊은 사색에 빠졌다. 대학 시절에 그는 갈릴레오, 케플러, 베이컨(Francis Bacon), 데카르트(René Descartes), 보일(Robert Boyle)과 같은 과학혁명의 선구자들을 열심히 연구했다. 또한, 뉴턴은 모어(Henry More)를 통해 연금술사들과 마술사들의 사상인 헤르메티시즘(hermeticism)에도 접했다. 헤르메티

시즘에 따르면, 우주는 신비적인 힘들로 짜인 네트워크에 해당하며, 인간은 그러한 힘들과 서로 작용해서 우주의 현상들에 영향을 미칠 수 있다.

1665년에는 페스트가 유행하여 케임브리지 대학이 휴교령을 내렸다. 뉴턴은 고향인 울즈소프로 돌아갔다. 훗날 뉴턴은 귀향이 젊은 날에 있었던 가장 운 좋은 사건으로 회고했다. "내가 완성한 연구는 모두 페스트가 퍼지고 있었던 1665년과 1666년의 2년 동안에 이루어진 것이었다. 그때만큼 수학과 철학을 마음에 두고 중요한 발견을 한 적은 없었다." 뉴턴의 중요한 과학 업적인 만유인력의 법칙, 미적분학, 색깔이론은 모두 그때 구상되었던 것으로 알려져 있다.

만유인력의 법칙과 관련해 뉴턴이 떨어지는 사과를 보고 발견했다는 일화가 전해져 온다. 실제로 '뉴턴의 사과'는 뉴턴 자신이 진술한 내용이기도 하다. 뉴턴은 말년에 "어떻게 만유인력의 법칙을 발견했느냐?"라는 질문에 "내가 사실은 케임브리지 대학에 다닐 때 교정에 앉아 있다가 사과가 떨어지는 것을 보고 두 물체가 서로 끌어당기는 것은 아닐까 생각하고 만유인력을 발견했다"라는 식으로 술회한 바 있었다. 그러나 과학사가들은 이러한 뉴턴의 회고를 액면 그대로 믿지 않으며, 뉴턴이 만유인력의 법칙에 대한 우선권을 확보하기 위해 지어낸 이야기로 간주하고 있다. 즉, 당시에 뉴턴은 '누가 먼저 만유인력을 발견했는가?' 하는 문제를 가지고 후크(Robert Hooke)라는 과학자와 논쟁을 벌이고 있었는데, 후크가 먼저 발견했다는 주장에 대해 뉴턴이 자신을 변호하기 위해 사과 이야기를 만들어 냈다는 것이다.

뉴턴은 1667년에 케임브리지 대학 트리니티 칼리지의 특별 연구원이 되었고, 1669년에는 루카스좌 교수(Lucasian Professor)가 되었다. 뉴턴이 교수가 되었던 것은 그의 스승이자 그와 이름이 같은 아이작 배로(Isaac Barrow)의 배려 덕분이었다. 배로는 1663년에 케임브리지 대학에 루카스 수학 강좌가 신설되자 초대 교수로 부임했는데, 자신보다 열두 살 어리지만 학문적으로 뛰어난 뉴턴에게 많은 호의를 베풀었다. 배로는 1669년에 스물여섯 살의 어린 뉴턴에게 교수의 자리를 물려주고 오랜 꿈이었던 성직으로 자리를 옮겼다.

뉴턴은 케임브리지 대학에서 광학을 강의하면서 망원경의 개량에 힘을 쏟았다. 당시에 널리 사용되고 있었던 굴절망원경은 색수차나 구면수차 때문에 상이 찌그러지거나 흐릿하게 보였기 때문이었다. 뉴턴은 볼록렌즈 대신에 오목거울을 사용하는 방법에 착안하여 훌륭한 반사망원경을 만들었다. 그는 1671년에 반사망원경을 국왕인 찰스 2세에게 기증했고, 찰스 2세는 답례로 뉴턴을 왕립학회의 회원으로 추천했다. 뉴턴은 6인치 정도에 불과했던 망원경 덕분에 일약 유명한 과학자로 부상했다.

1672년에 뉴턴은 「빛과 색깔에 관한 새 이론」이라는 제목의 논문을 왕립학회에 발표했다. 무지개가 왜 생기며, 빛이 프리즘을 통과할 때 어떻게 굴절되는지 등을 설명한 논문이었

뉴턴의 6인치 반사망원경.

다. 그 논문은 아주 훌륭했지만, 그중 일부는 후크가 1665년
에 발간한 『현미경 도보』에서 묘사한 실험을 바탕으로 하고
있었다. 뉴턴은 이러한 점을 분명하게 밝히지 않았다. 후크는
몹시 분개했다. 새파란 애송이 과학자가 자신의 연구를 슬쩍
베끼고는 아무런 경의도 표시하지 않다니! 과학계의 대선배인
자신이 무시를 당했다는 생각에 화가 치밀어 올랐다. 어느 누
구에게도 고개를 숙이려 하지 않는 뉴턴의 성격도 문제였다.
뉴턴은 자신과 어깨를 견줄 만한 사람은 아무도 없다고 자신
했다. 후크가 불쾌해 하든 말든 조금도 개의치 않았다.

　후크와 뉴턴은 편지를 주고받으며 설전을 벌였고, 왕립학회
도 가만히 있을 수 없게 되었다. 왕립학회는 두 사람에게 서로
사과의 편지를 쓰고 싸움을 중단할 것을 요구했다. 후크는 자
존심을 접고 뉴턴에게 편지를 보냈고, 뉴턴도 답장을 보냈다.
그는 후크의 연구를 칭찬하는 듯한 분위기를 풍기면서, 만약

자신이 후크보다 더 멀리 본 것이 있다면 "거인들의 어깨에서 있기 때문(standing on the shoulders of Giants)"이라고 덧붙였다. 사람들은 옛사람들에게 공을 돌리는 이 표현을 보고 뉴턴이 아주 겸손하다고 생각했다. 그러나 실상은 전혀 그렇지 않았다. 뉴턴은 '거인들'의 첫 글자를 대문자로 써서 'Giants'로 표기했는데, 후크는 등이 굽어 키가 작은 사람이었다. 뉴턴은 '혹시 내가 옛사람들의 아이디어를 빌려 왔을 수는 있지만, 당신처럼 작은 사람의 아이디어는 훔칠 필요가 전혀 없었다'라는 뜻으로 이런 표현을 사용했던 것이다.

자연철학의 수학적 원리

1684년 어느 날, 뛰어난 천문관측자인 핼리(Edmond Halley)가 뉴턴을 찾아왔다. 그리고 핼리의 방문은 뉴턴이 만유인력의 법칙을 세상에 공표하는 계기가 되었다. 핼리는 뉴턴에게 다음과 같은 질문을 했다. "선생님, 만약 거리의 제곱에 반비례라는 힘을 받고 움직이는 물체가 있다면 그것은 어떤 궤적을 그리게 됩니까?" 뉴턴은 즉시 대답했다. "그것은 타원이지요." 핼리가 "왜 그럴까요?"라고 다시 묻자 뉴턴은 "그야 내가 전에 계산한 적이 있는데……"라고 말했다.

사실 핼리가 뉴턴을 찾아왔던 이유는 다른 데 있었다. 1684년 1월에 핼리, 후크, 렌(Christopher Wren) 세 사람은 행성 사이에 작용하는 힘에 관해 논쟁을 벌였다. 핼리는 그 힘이 거리의 제곱에 반비례할 것이라고 말했다. 그때 후크는 자신이 이미 그런 결론에 도달했으며 그것을 수학적으로 증명한 바 있다고 주장했다. 이에 렌이 그것을 먼저 증명하는 사람에게 40실링을 주겠다고 현상을 걸었다. 그러나 후크는 그해 8월이 다가도록 그것을 수학적으로 증명하지 못했다. 이런 이유로 핼리가 뉴턴에게 자문하러 온 것이었다.

핼리의 방문을 계기로 뉴턴은 1687년에 자신의 가장 유명한 저서인 『자연철학의 수학적 원리(Philosophiae Naturalis Principia Mathematica)』를 완성했다. 그 책은 보통 줄여서 『프린키피아(Principia)』로 불린다. 핼리는 계속해서 뉴턴의 집필을 격려하였을 뿐만 아니라 출판을 약속했던 왕립학회의 재정 상태가 나빠지자 자신의 사재를 털기도 했다. 1705년에 핼리는 『혜성천문학 개요』라는 책을 출간하면서 뉴턴의 『프린키피아』를 이용하여 혜성의 주기를 예언했다. 그리고 1758년에는 핼리의 예언대로 혜성이 다시 나타났다. 그 혜성은 핼리의 업적을 기려 '핼리혜성'으로 불린다.

『프린키피아』 초판은 라틴어로 쓰였고 전체 분량이 510쪽에 달했으며 세 권으로 구성되어 있었다. 그 책에서 뉴턴은 유클리드(Euclid)의 『기하학 원론』과 흡사하게 운동에 관한 논의를 정의, 공리, 법칙, 정리, 보조정리, 명제 등으로 분류해서 체계적으로 전개했다. 제1권은 진공 중의 입자의 운동을 다루고 있다. 제1권의 처음 부분에는 관성의 법칙, 힘과 가속도에 관한 법칙($F=ma$), 작용·반작용의 법칙 등 세 가지 운동법칙이 등장한다. 제2권은 유체역학에 해당하는 것으로서 저항이 있는 매질 내의 운동을 다루고 있다. 제2권에서 뉴턴은 소용돌이의 원심력에 의해 행성의 운동을 설명했던 데카르트의 이론을 반박했다. 제3권은 천체역학에 해당한다. 여기서 뉴턴은 거리의 제곱에 반비례라는 힘을 가정하여 케플러의 법칙을 증명하고, 이를 바탕으로 지구의 세차운동, 달의 불규칙한 운동, 조석운동, 혜성의 운동 등을 설명했다.

『프린키피아』의 출판을 계기로 뉴턴은 유럽 전역에 명성을 떨쳤고 많은 사람들의 주목을 받았다. 이러한 반응이 더욱 놀라운 것은 『프린키피아』가 매우 어려운 책이었기 때문이다. 특히, 『프린키피아』는 간편한 대수학적 방법이 아닌 일일이 도형이 수반되고 증명이 요구되는 기하학적 방법을 채택하고 있어서 전문적인 학자들도 그 책의 세부적인 내용을 이해하기 어려웠다. 더구나 데카르트의 기계적 철학의 영향이 강했던 유럽 대륙에서는 원격 작용(action at a distance)이라는 성격을 가진 만유인력을 도입한 사실 때문에 반발이 더욱 거셌다. 그러나 『프린키피아』가 커다란 충격과 깊은 인상을 남긴 것은 분명한 사실이다. 무엇보다도 『프린키피아』를 통해 오랜 기간 동안 분리되어 왔던 지상계에 대한 과학과 천상계에 대한 과학이 '뉴턴과학(Newtonian Science)'으로 종합될 수 있었다.

최후의 마술사?

뉴턴은 오늘날과 같은 의미의 과학연구에만 몰두한 사람이 아니었다. 사실상 뉴턴이 가장 많은 관심을 기울인 분야는 연금술이었다. 그는 연금술을 무척 좋아했으며 수학에 너무 많은 시간을 빼앗기는 현실을 안타까워했다. 그는 다른 연금술사들과 마찬가지로 보통의 금속을 금으로 바꾸는 '현자의 돌(philosopher's stone)'을 믿었고 그것을 찾는 데 많은 시간을 소비했다. 뉴턴이 남긴 자료 중에는 연금술을 다룬 『화학색인(Index Chemicus)』이 있는데, 그 자료는 큰 제목만 879개이며, 분량도 100쪽을 넘는다.

뉴턴이 연금술에 몰두한 이유는 무엇이었을까? 금을 만들어 돈을 많이 벌겠다는 의도는 아니었을 것이다. 아마도 뉴턴은 매우 작은 입자에서 가장 큰 별에 이르는 모든 물질의 근원적 성질에 대해 궁금해했을 것이다. 과학자라면 이러한 모든 것을 알고 있어야 된다고 생각했던 것이다. 게다가 뉴턴은 연금술에 관심을 가지고 있었기 때문에 분리된 상태에서 작용하는 힘의 개념을 자연스럽게 도입할 수 있었다. 물론 연금술과 달리 뉴턴이 다룬 힘은 정량적으로 정의할 수 있도록 변형되었으며, 그것이 바로 뉴턴의 중요한 업적이었다.

뿐만 아니라 뉴턴은 신학에 대하여 100만 단어 이상의 저술을 남겼다. 그 대표적인 예로 뉴턴 사후인 1733년에 출간된 『다니엘서와 요한묵시록의 예언에 관한 고찰』을 들 수 있다.

그 저술은 주로 우주의 신비를 성경 속에서 찾으려는 시도로 가득 차 있지만, 어떤 경우에는 삼위일체설을 부정하는 견해도 나타나 있다. 이러한 맥락에서 독일의 과학자이자 철학자인 라이프니츠(Gottfried W. Leibniz)는 "뉴턴이 한 걸음만 더 갔으면 무신론자가 되었을 것"이라고 평가한 바 있다.

뉴턴의 이러한 면모는 20세기의 유명한 경제학자인 케인스(John M. Keynes)에 의해 본격적으로 조명되기 시작했다. 케인스는 뉴턴이 사망한 지 200여 년이 지난 후에 뉴턴의 연금술과 신학에 관한 수많은 문서를 발굴했다. 이러한 문건을 바탕으로 케인스는 다음과 같이 평가했다. "뉴턴은 이성의 시대를 개척한 사람이 아니었다. 그는 최후의 마술사였다."

뉴턴은 1696년부터 런던의 조폐국에서 일했다. 처음에는 조폐국 감사였지만 1699년에는 국장으로 승진했다. 조폐국에서 뉴턴은 자신의 화학 지식과 실험 기법을 광물 분석에 활용했지만 화폐 제조법 자체를 개혁하지는 않았다. 당시에 뉴턴은 런던의 위조지폐범들에게 공포의 대상이었으며, 실제로 그가 재직하던 동안 수많은 위조지폐범들이 교수대로 보내졌다. 뉴턴은 조폐국장의 지위를 이용하여 동료 과학자들이 공직을 얻는 데에도 많은 힘을 보탰다.

1703년에 뉴턴은 왕립학회의 회장으로 추대되었고, 죽을 때까지 회장직을 유지했다. 그는 왕립학회를 철권으로 통치했으며 모든 안건을 위엄 있게 처리했다. 당시에 왕립학회의 회의에 참석했던 어떤 사람은 다음과 같이 회고했다. "그가 참석했다는 사실이 좌중에 자연스러운 경외감을 불러 일으켰다.
거기에는 가벼움이나 무례함이 있을 수 없었다.” 뉴턴은 영국
최고의 과학자였던 것이다. 뉴턴은 왕립학회의 회장이 되기
이전에도 영국의 과학계를 대표하여 1689년과 1701년에 하원
의원으로 선출된 바 있었다.

최고 과학자의 논쟁법

『프린키피아』와 쌍벽을 이루는 뉴턴의 저작으로는 1704년
에 발간된 『광학(Opticks)』을 들 수 있다. 『광학』은 이미 1672
년경에 거의 완성되어 있었지만 뉴턴은 발간 시기를 저울질
하여 왔다. 때마침 1703년에는 그의 논적이었던 후크가 사망
했고 뉴턴이 왕립학회의 회장으로 추대되었다. 『광학』은 『프
린키피아』와 달리 영어로 쓰였으며 실험에 입각한 과학연구
를 강조했다. 『광학』은 뉴턴의 과학적 재능을 확고부동한 것
으로 만들었다. 영국 최고의 과학자가 평민인 것을 알게 된 앤
여왕은 1705년에 케임브리지 대학을 방문하여 뉴턴에게 기사
의 작위를 내렸다. 과학자로서는 최초의 작위였다.

뉴턴은 『광학』에서 빛을 입자로 보고 새로운 실험도구인
프리즘을 이용하여 빛과 색의 다양한 성질에 대해 논의했다.
특히, 『광학』의 ‘질문(Query) 31’은 중력, 전기, 자기, 열, 불, 화
학결합 등 여러 자연현상들에 독특한 힘들이 있으며 그것들의
수학적 형태를 찾아내면 모든 자연현상을 체계적으로 설명할

수 있다는 의견을 피력하고 있다. 18세기에는 뉴턴이 제안한 방식에 따라 많은 자연현상들이 연구되었다. 그중에서 전기 분야에서는 만유인력의 법칙과 유사한 형태의 쿨롱의 법칙이 얻어지기도 했다. 그러나 화학의 경우에는 화학결합의 차이를 '화학적 친화도(chemical affinity)'라는 근거리 인력으로 설명하려는 시도가 있었지만 결국 실패하고 말았다.

뉴턴은 후크 이외에도 여러 사람들과 논쟁을 벌였다. 그 대표적인 예로는 미적분학을 누가 먼저 발견했는가를 놓고 전개되었던 라이프니츠와의 논쟁을 들 수 있다. 그 논쟁은 1699년에 듀일리에(Nicolas de Duillier)라는 수학자가 왕립학회에서 라이프니츠의 미적분이 뉴턴의 이론을 도용한 것이라고 주장한 데서 비롯되었다. 이에 라이프니츠는 1705년에 뉴턴이 자신의 방법을 도용했다는 요지의 글을 발표했지만, 이번에는 옥스퍼드 대학의 케일(John Keill)이 라이프니츠를 강경한 어조로 비난했다. 라이프니츠는 케일의 발언을 취소시키려고 왕립학회에 제소했는데, 묘하게도 당시의 왕립학회 회장이 뉴턴이었다.

뉴턴은 곧바로 조사위원회를 조직했지만, 위원회는 뉴턴을 지지하는 사람들로 구성되었다. 뿐만 아니라 그 위원회가 발간한 것으로 되어 있는 조사보고서도 뉴턴이 직접 작성했다. 더 나아가 그는 비밀로 처리되어야 할 보고서의 내용을 왕립학회가 발간하는 학술지인 「철학회보(Philosophical Transactions)」에 투고하기도 했다. 또한 그 보고서의 라틴어판에는 "독자들에게"라는 제목의 새로운 서문이 익명으로 추가되었는데, 그

역시 뉴턴의 작품이었다. 따라서
왕립학회의 위원회가 라이프니
츠의 표절로 결론을 내린 것은
당연한 수순이었다.

이제 싸움의 양상은 '뉴턴 대
라이프니츠'를 넘어서 '영국 대
대륙'으로 확대되었다. 뉴턴과
라이프니츠는 평생 동안 서로 원

웨스트민스터 사원에 있는 뉴턴의 무덤.

수처럼 지냈으며, 유럽의 학계는 두 파로 나뉘어서 100년 이
상의 격렬한 논쟁을 되풀이했다. 결국 1820년대가 되어서야
뉴턴과 라이프니츠의 독립적인 발견이 공인되어 두 사람은 미
적분학의 동시 발견자로 역사에 기록되었다. 미적분학의 발견
은 뉴턴이 빨랐지만 발표는 라이프니츠가 먼저 했다는 것이
통설이다. 참고로 오늘날 우리가 사용하는 미적분학의 연산
방식은 뉴턴의 것이 아니라 라이프니츠의 것이다.

뉴턴은 1727년에 85세의 나이로 세상을 떠났다. 조산아였
던 뉴턴이 일반적인 생각과는 달리 장수했던 셈이다. 뉴턴은
영국의 왕이나 위대한 정치가가 묻힌 웨스트민스터 사원에 안
치되었다. 그의 묘비에는 서두에서 언급한 포프의 시가 새겨
져 있다. 그런데 그 시의 바로 밑에 어떤 사람이 낙서를 했다.
"과도한 밝음은 사람의 눈을 현혹시킨다. 신이 말했다. '아인
슈타인이여 나오라.' 그러자 모든 것이 다시 어두워졌다."

증기기관에 얽힌 신화, 제임스 와트

뉴커먼 기관에서 시작된 와트의 발명

산업혁명(The Industrial Revolution)은 18세기 중엽부터 19세기 중엽에 이르는 약 100년 동안 영국을 중심으로 발생했던 기술적·조직적·경제적·사회적 변화를 지칭하는 용어이다. 산업혁명의 상징으로는 증기기관을 들 수 있다. 우리는 흔히 와트(James Watt, 1736~1819)가 증기기관을 처음 발명한 것으로 알고 있지만 와트 이전에도 증기기관은 있었다. 와트의 업적은 기존의 증기기관을 획기적으로 개선하고 그 용도를 확대한 데 있다.

와트에 대해서는 여러 가지 전설이 전해진다. 가장 많이 알려진 것은 와트가 주전자의 물이 끓는 것을 지켜보면서 증기기관의 원리를 생각해 냈다는 이야기이다. 또한 와트의 증기기관은 과학지식이 기술개발에 응용된 모범적인 사례로 간주되기도 한다. 그러나 이러한 이야기에는 맞는 부분보다 잘못된 부분이 더 많다.

복동식 증기기관을 발명한 제임스 와트.

　와트는 1736년에 영국 스코틀랜드 지방의 그리녹에서 태어났다. 아버지는 그리녹 시의회 의원이자 조선 및 건축 사업을 벌이고 있었다. 할아버지는 수학을 가르치던 교사였고, 아버지와 삼촌은 측량사였다. 이러한 환경 속에서 와트는 어릴 적부터 과학과 기술에 많은 관심을 가졌다. 그는 정규교육을 통해 언어와 수학을 배우기도 했지만, 그의 교육에서 가장 중요한 근원이 되었던 곳은 아버지의 작업장이었다. 와트는 거기서 자신의 공구와 작업대를 갖추고 각종 기구의 모형을 제작하는 일에 몰두했다. 그는 열일곱 살에 도구 제작자가 되기로 결심하고 런던과 글래스고에서 도제 훈련을 받았다.

　와트는 열아홉이던 1755년에 외가 친척이 교수로 있었던 글래스고 대학으로 갔다. 거기서 그는 딕(Robert Dick), 앤더슨(John Anderson), 블랙(Joseph Black), 로빈슨(John Robinson) 등과 같은 과학자들을 만났다. 와트는 딕 교수의 도움으로 글래스고 대학에 도구 제작자로 취직했다. 처음에 와트는 컴퍼스, 눈금자, 사분의(四分儀) 등과 같은 수학도구를 주로 만들었다. 와트가 새로운 증기기관을 발명하게 된 계기는 앤더슨이 제공했다. 앤더슨은 당시에 널리 사용되고 있었던 뉴커먼 기관(Newcomen engine)의 모형을 가지고 있었고 그것을 자연철학 수업시간에 종종 사용하면서 증기기관의 작동원리를 설명했다. 그런데 그 모형이 망가지면서 앤더슨은 와트에게 그것을 고쳐 달라고 부탁을 했다.

뉴커먼 기관은 1712년에 영국의 대장장이인 뉴커먼(Thomas Newcomen)이 개발한 증기기관이다. 그것은 보일러 위에 증기를 가득 채우는 실린더를 두었으며, 실린더에 부착된 피스톤에 저울과 같은 막대의 한쪽 끝을 연결시키고 있었다. 뉴커먼 기관은 탄광용 펌프로 널리 사용되었는데, 실린더 내에 증기를 가득 채웠다가 수축시켜 피스톤을 상하로 운동시키고 그 운동을 펌프에 전달하여 물을 끌어올렸다. 뉴커먼 기관의 경우에는 지하 100피트(약 30.5미터)의 깊이에서 2.5톤의 물을 끌어 올리는 데 약 28킬로그램의 석탄이 필요했다고 한다.

와트는 1764년에 뉴커먼 기관의 모형을 수리하기 위하여 그 내용을 자세히 조사하면서 뉴커먼 기관이 증기를 크게 낭비하고 있다는 사실에 충격을 받았다. 와트는 "장치가 이렇게 만들어졌으니 수많은 석탄을 낭비할 수밖에 없지"라고 생각하면서 "이걸 내가 본격적으로 개량해야겠다"고 결심했다.

와트는 뉴커먼 기관의 구체적인 결함이 무엇인가를 알아내는

데 몰두했다. 뉴커먼 기관은 증기의 동력을 사용한 후 냉각시킬 때 실린더 속에 냉수를 넣는 방법을 사용하고 있었다. 이때 냉수는 증기를 냉각시키는 동시에 실린더도 냉각시키게 되며 이에 따라 다시 실린더를 가열하려면 그만큼 많은 석탄이 사용되었다. 와트는 "만일 실린더를 냉각시키지 않아도 된다면 실린더의 열을 그대로 보존하면서 다음 작업을 수행할 수 있게 되고, 따라서 석탄 사용량이 절반으로 줄어들 것"으로 판단했다.

와트의 이러한 생각은 분리응축기(separate condenser)를 고안하는 것으로 이어졌다. 이전과 같이 수증기를 실린더 안에서 직접 냉각시키는 것이 아니라 실린더로부터 분리된 응축기를 별도로 만들어 실린더 안의 수증기를 관을 통해 뽑아낸 후 실린더 바깥에서 냉각시킨다는 것이었다. 와트는 분리응축기를 사용하면 증기기관의 열효율이 이전보다 2~4배 향상될 수 있다고 생각했다. 그는 1765년에 분리응축기가 설치된 증기기관의 모형을 설계했고 1769년에 이에 대한 특허를 받았다.

와트는 1764년에 사촌인 마거릿 밀러(Margaret Miller)와 결혼하여 다섯 명의 아이를 두었는데, 그중 세 명은 오래 살지 못했다. 밀러는 1772년에 아이를 낳다가 죽었으며, 와트는 1777년에 염색업자의 딸인 앤 맥그레고어(Ann MacGregor)와 재혼했다.

볼턴과의 만남

와트는 분리응축기를 발명한 것에 만족하지 않고 증기기관을 더욱 개량하는 작업을 추진하려고 했다. 그는 보일러를 잘 만들면 증기의 힘을 얼마든지 크게 할 수 있다는 점을 출발점으로 삼았다. 만일, 강력한 보일러에서 나오는 증기력을 이용한다면 광산의 양수펌프뿐만 아니라 수많은 기계를 움직일 수도 있을 것이었다. 그러한 증기기관을 만들기 위해서는 막대한 자금과 기계 제작 기술이 필요했다. 그러나 아버지는 이미 사업에 실패한 상태였고 실린더 내면을 가공할 수 있는 기술도 개발되지 않았다. 이 때문에 증기기관을 개량하는 작업은 몇 년 뒤로 늦추어질 수밖에 없었다. 와트는 1766년에 측량사가 된 후 8년 동안 스코틀랜드에 건설된 운하의 경로 작성으로 계속 바쁜 시간을 보냈다.

드디어 와트에게 기회가 왔다. 와트는 1768년부터 로벅(James Roebuck)과 동업자 관계를 유지하고 있었다. 그런데 로벅이 1772년에 도산하면서 와트의 특허권은 당시의 유명한 기술자이자 사업가인 볼턴(Matthew Boulton)에게로 넘어갔다. 증기기관의 상업적 가치를 간파한 볼턴은 1774년에 와트에게 전격적인 제안을 했다. "와트 씨, 용기를 내시오. 당신의 발명이 성공한다면 세계 여러 나라의 모든 공장, 광산 및 기업가들이 대단히 기뻐할 것이오 동시에 그들은 그 놀라운 힘을 가진 기계를 서로 다투어 가며 사려고 할 것이오. 돈은 얼마든지 내가 댈 테니 우리 공장에서 연구를 계속하시오." 더 이상 증기기관에 대해 연구를 할 수 없게 된 자신을 슬퍼하며 우울한 나날을 보내고 있었던 와트에게는 희소식이 아닐 수 없었다.

당시에 볼턴은 버밍엄 북부에 소호제작소(Soho Foundry)를 운영하고 있었다. 다섯 개의 건물로 이루어진 소호제작소는 언덕 위의 저수지를 사용하여 주로 금속 세공품과 도자기를 생산하고 있었다. 와트도 1762년에 소호제작소를 방문하여 그 공장의 우수

와트의 동업자, 매슈 볼턴.

한 설비에 감탄한 바 있었다. 볼턴은 와트에게 자금을 제공하는 것은 물론 어려운 일이 있을 때마다 와트를 격려하고 해결책을 제안하는 역할도 맡았다. 이런 점에서 볼턴은 오늘날의 벤처 캐피탈리스트와 유사한 면모를 보였다. 아마도 와트가 볼턴을 만나지 못했다면 자신의 재능을 충분히 살리지 못했을 것이다.

볼턴은 새로운 기술을 받아들이고 개선하는 것을 즐기는 사람이었다. 그의 저택도 당시의 영국에서 기술적으로 가장 진보한 것이었다. 거기에 설치된 중앙난방장치는 집 안 구석구석까지 뜨거운 공기를 보낼 수 있을 정도로 정밀하게 설계되었다. 그 장치는 1995년에 버밍엄 시가 복구 작업에 착수했을 때에도 여전히 작동이 가능한 상태였다. 저택의 외부에는 집을 증축해도 동일한 외양이 유지될 수 있도록 특수한 석판 외벽이 사용되었다. 석판을 박으면서 생긴 망치 자국은 볼턴의 공장에서 생산된 버튼으로 가려졌다.

　와트는 볼턴의 제안을 받자마자 버밍엄으로 이사하여 그 다음 날부터 상업용 증기기관을 개발하는 일에 매진했다. 때마침 1774년에는 볼턴의 친구였던 윌킨슨(John Wilkinson)은 내면굴착용 선반을 발명했는데, 그 선반을 이용하면 완전한 원통형 실린더를 제작할 수 있었다. 와트는 1775년에 자신의 증기기관에 대한 포괄적인 특허를 받았으며, 이를 바탕으로 증기기관의 생산을 독점할 수 있었다.

　드디어 1776년 3월 8일에는 한 대의 훌륭한 기계가 만들어져 보룸필드의 탄광에서 시운전되었다. 굴뚝에서는 검은 연기가 뿜어 오르고 피스톤이 실린더를 왔다 갔다 하기 시작하자 탄갱의 지하수가 계속해서 파이프를 통해 지상에 쏟아져 나왔다. 구경하던 많은 사람들은 일시에 환성을 올리면서 우레와 같은 박수로 와트의 놀라운 발명을 축하했다.

　더 나아가 와트와 볼턴은 탄광용 펌프뿐만 아니라 당시에 많은 수요를 가지고 있었던 제분기나 직조기 등에 사용될 수 있는 증기기관을 탐색하기 시작했다. 이를 위해서는 왕복운동을 회전운동으로 바꿀 수 있는 장치가 필요했는데, 와트는 1781년에 유성식(遊星式) 기어를 고안하여 문제를 해결했다. 그것은 맞물린 한 쌍의 톱니바퀴 중에서 한쪽을 고정시키고 다른 쪽이 고정된 톱니바퀴를 도는 기구였다. 이를 바탕으로 와트는 1782년에 피스톤을 동시에 밀고 당길 수 있는 복동식(複動式) 증기기관을 개발하는 데 성공했다.

증기기관, 만능동력원이 되다

상업용 증기기관의 개발이 무르익자 영국 의회는 1785년에 와트의 증기기관에 대한 특허권을 1800년까지 연장해 주는 유래 없는 조치를 취했다. 영국은 국가적 차원에서 증기기관이 매우 중요한 발명이라는 점을 인정하고 이를 적극적으로 지원했던 것이다. 그러나 이러한 조치가 영국 산업의 발전을 저해했다는 평가도 있다.

"와트의 특허를 연장하기로 결정함으로써 의회는 한 인간에게 너무 큰 권력을 쥐어 주었다. 와트는 특허의 양도를 거부함으로써 기관차에 대한 실험을 방해하고 고압 증기의 활용에 적대적인 태도를 취했다. 그래서 당사자들은 즐거움을 누렸는지 모르지만 기계산업의 발전은 한 세대가 넘는 동안 저지되었다. 만약 와트의 독점이 1784년에 종식되었더라면 영국은 훨씬 더 일찍 철도를 가지게 되었을 것이다."

와트는 영국 의회의 법률적 지원과 볼턴의 재정적 지원을 바탕으로 보다 완벽한 증기기관을 만드는 데 많은 노력을 기울였다. 1788년에는 증기기관의 속도를 자동적으로 제어하는 원심조속기가 활용되었고 1790년에는 성능이 매우 뛰어난 압력계가 개발되었다. 1790년을 전후하여 본격적으로 생산되기 시작한 와트의 새로운 증기기관은 용도에 제한을 받지 않는 만능동력원으로 각광을 받았다.

특히, 카트라이트(Edmund Caartwright)의 역직기가 1789년에

1804년에 트레비식이 만든 증기기관차.

증기기관을 동력으로 채택하고, 트레비식(Richard Trevithick)이 1804년에 철도 궤도를 달릴 수 있는 증기기관차를 제작함으로써 증기기관의 용도는 일반 기계와 수송수단으로도 확산되었다. 와트의 증기기관을 매개로 수행된 기술혁신은 꼬리에 꼬리를 물고 발생했고, 이러한 기술혁신은 산업혁명의 핵심 과정에 놓여 있었다.

와트는 증기기관으로 많은 돈을 벌었다. 그가 1790년까지 벌어들인 특허권 사용로만 해도 7만 6,000파운드에 달했다. 와트와 볼턴은 1794년에 '와트 & 볼턴(Watt & Boulton)'이라는 새로운 기업을 설립하여 증기기관에 대한 사업을 본격적으로 전개했다. 그 회사에서 생산된 증기기관은 영국 전역의 공장에 새로운 동력을 제공했다. 볼턴의 말에 따르면, "나라 전체가 증기기관에 미친 상태"였다.

와트의 다른 면모

와트는 자신의 발명품에 집착하는 모습을 보였다. 그는 증기기관의 모방을 방지하기 위하여 특허 설명서를 매우 모호하게 작성했다. 와트의 증기기관에 관심이 많았던 어떤 사업가는 다음과 같이 말했다. "엔지니어들이 와트 & 볼턴의 특허 설명서를 읽고 나서 어떤 종류의 기계를 만들지는 전혀 알 수 없다. 아마도 그들이 수세식 화장실을 만들지도 모를 일이다."

와트는 증기기관차의 개발에 반대했던 사람으로도 유명하다. 증기기관차가 작동하기 위해서는 고압의 상태가 유지되어야 하는데 와트는 그것이 매우 위험하다고 생각했다. 실제로 와트는 그의 조수인 머독(William Murdock)이 증기기관차를 개발하는 데 관심을 보이자 쓸데없는 일에 시간을 낭비하지 말 것을 요청하기도 했다. 그러나 와트의 생각과 달리 고압 증기기관은 그렇게 위험하지도 않았고 훨씬 간단한 구조로 강력한 동력을 생산할 수 있었다.

증기기관이 와트의 모든 관심사는 아니었다. 그와 볼턴은 과학의 진보를 바라는 신사들의 모임인 루나협회(Lunar Society)의 핵심 회원이었다. 루나협회의 회원으로는 당대의 유명한 목사이자 화학자인 프리스틀리(Joseph Priestley), 영국 토목공학의 아버지로 불리는 스미튼(John Smeaton), 찰스 다윈의 할아버지로서 진화론을 조기에 수용했던 에라스무스 다윈(Erasmus Darwin), 도자기산업을 일구어 낸 조시아 웨지우드(Josiah

Wedgwood), 당대 최고의 천문학자인 윌리엄 허셜(William Herschel) 등이 있었다.

루나협회를 매개로 버밍엄 주변의 과학자, 제조업자, 의사, 법률가 등은 보름달이 뜨는 날에 모여 과학과 기술을 비롯한 당대의 온갖 문제를 보고하고 토론했다. 이를 통해 루나협회는 런던 중심의 귀족 사회와는 독립적인 독특한 신흥 중간계층의 문화를 형성했다. 이와 함께 루나협회와 같은 새로운 과학단체들은 오랫동안 별개로 활동해 왔던 과학자와 기술자의 인적 연결이 이루어질 수 있는 매개물로 작용했다. 즉, 과학자와 기술자의 교류가 빈번해지면서 두 집단이 서로의 문제를 실질적으로 이해하면서 상당한 동질성을 갖는 집단을 형성하기 시작했던 것이다.

와트는 루나협회에서 화학 반응, 재료의 강도, 에너지 변환 등에 관한 주제로 많은 발표를 했고 실험을 했다. 특히, 와트는 100파운드(약 45킬로그램)의 무게를 1분간에 100미터의 높이로 들어 올리는 데 사용되는 에너지의 크기를 1마력으로 정의했고 그것은 지금도 통용되고 있다.

와트는 1785년에 볼턴과 함께 영국 왕립학회의 회원으로 선출되었고, 1806년에는 글래스고 대학에서 명예 박사학위를 받았으며, 1814년에는 프랑스 과학아카데미의 외국인 준회원이 되었다. 말년에도 와트는 발명에 대한 꿈을 접지 않았다. 그의 특허 목록에는 투시도를 그리는 기계, 편지를 복제하는 기계, 유성기어 없이 회전운동을 만들어 내는 바퀴 등이 포함되어 있었다. 그는 임종 직전에 마지막으로 발명한 것은 조각품을 복제하는 기계였다.

와트는 1819년에 여든세 살을 일기로 세상을 떠났다. 영국 정부는 와트의 공적을 기념하기 위하여 웨스트민스터 사원에 기념비를 세웠다. 또한 그의 이름은 일률을 지칭하는 단위(W, 와트)로 정해져 과학 교과서에 영원히 기록되고 있다.

와트와 증기기관에 대한 오해

이제 서두에서 언급한 와트와 관련된 두 가지 신화(神話)에 대해 살펴보자. 첫째는 와트의 증기기관이 블랙의 잠열(latent heat)이론과 같은 과학지식을 응용함으로써 탄생했다는 주장이다. 그러나 와트의 발명 과정을 엄밀히 검토한 연구 결과는, 와트가 증기기관을 발명한 이후에 자신의 발명을 합리화하기 위하여 잠열이론을 사용했다는 점을 지적했다. 와트는 뉴커먼 기관의 문제점을 구체적으로 분석한 후에 블랙과 대화를 나누었고, 이를 통해 소량의 증기만이 물을 끓이는 데 사용되는 것은 증기의 잠열 때문임을 알 수 있었다. 따라서 증기기관이 블랙의 잠열이론을 바탕으로 얻어진 것은 아니었고, 오히려 와트가 기본적인 문제를 해결한 후에 자신의 발명을 과학적 지식을 통해 이해할 수 있었다고 볼 수 있다. 하지만 와트가 복동식 증기기관을 발명하는 데에는 뉴커먼 기관의 문제점을 구체적으로 분석하고 일반화된 모델을 만들어 실험을 하는 방법이 큰 역할을 했으며, 이는 과학자들의 연구방법과 거의 동일한 것이었다.

두 번째 신화는 와트가 주전자의 물이 끓는 것을 보고 증기기관을 구상했다는 이야기이다. 우선, 이것은 반대로 해석하는 것이 더욱 그럴듯하다. 주전자 물이 끓는 것은 매우 흔한 현상이기 때문에 이것이 증기기관의 발명으로 이어졌다고 주장할 수는 없다. 오히려 와트가 증기기관을 염두에 두고 있었기 때문에 주전자의 물이 끓는 현상을 새롭게 해석할 수 있었던 것이다. 이러한 점은 뉴턴의 사과 이야기와 같은 경우에도 마찬가지이다. 흥미롭게도 뉴커먼의 경우에도 주전자에서 물이 끓은 것을 유심히 관찰했다는 일화가 전해진다. 대부분의 새로운 기술은 기존의 기술이 가진 문제점을 해결하는 과정에서 출현한다. 와트가 복동식 증기기관을 발명할 수 있었던 것도 뉴커먼 기관이라는 이전의 기술이 존재했기 때문에 가능했다. 또한, 하나의 기술이 세상에 제대로 된 모습을 드러내기 위해서는 수많은 후속 작업이 지속적으로 수행되어야 한다. 한 가지 아이디어가 곧바로 위대한 발명품으로 이어질 수는 없는 법이다.

진화론으로 풍성한 식탁을 차리다, 찰스 다윈

부유한 집안의 생물학도

코페르니쿠스의 지동설, 프로이트의 무의식 이론과 함께 다윈의 진화론은 인류의 자존심에 상처를 입힌 3대 이론으로 평가되고 있다. 코페르니쿠스가 지구를 우주의 중심에서 밀어냈고, 프로이트가 인간의 이성에 대한 신뢰를 추락시킨 것처럼, 다윈은 인간이 신의 창조물이 아니라 진화의 산물에 불과하다고 주장했던 것이다.

찰스 다윈(Charles R. Darwin, 1809~1882)은 1809년에 영국의 서부 지방인 슈루즈버리에서 태어났다. 아버지인 로버트 다윈(Robert Darwin)은 부유한 의사였으며, 어머니인 수재나 웨지우

드(Susannah Wedgwood)는 유명한 도자기 업체를 설립했던 조시
아 웨지우드(Josiah Wedgwood)의 딸이었다. 할아버지인 에라스무
스 다윈(Erasmus Darwin)은 의사이자 생물학자로 이름을 날렸으
며, 라마르크(Jean B. Lamarck)에 동조하여 진화론을 받아들이기
도 했다.

다윈은 여덟 살 때 어머니를 여의었고, 아홉 살 때 슈루즈
버리의 사립학교에 입학했다. 그 학교는 라틴어와 그리스어를
중심으로 학생을 가르쳤으나 다윈은 공부에 별로 흥미를 느끼
지 못했다. 다윈은 학교에서 주의가 산만하고 지능이 떨어지
는 학생으로 여겨지기도 했다. 다윈 자신도 훗날 “내게 학교
는 교육수단으로서 무의미했다”라고 썼다. 그의 호기심을 자
극한 것은 학교가 아니라 자연이었다. 그는 넓은 들판을 돌아
다니며 각종 광물, 식물, 곤충을 열심히 수집했다.

다윈이 열여섯 살이 되었을 때, 아버지는 그를 에딘버러 대
학의 의학부에 입학시켰다. 당시 에딘버러 대학은 네덜란드의
라이든 대학과 함께 유럽 의학의 중심지로 이름을 날렸다. 그
러나 다윈은 의학에도 전혀 흥미를 느끼지 못했다. 다윈은 두
명의 환자가 마취제 없이 수술을 받는 것을 보고는 공포에 휩
싸이기도 했다. 대신에 다윈은 채집과 표본 조사로 시간을 보
냈다. 에딘버러 대학에서 다윈은 라마르크의 진화론을 배울
수 있었다. 다윈은 열성적인 신자는 아니었지만 기독교 신앙
을 가지고 있었기 때문에 진화론을 처음 접하고서는 매우 당
황했다고 한다.

다윈이 의학에 흥미를 붙이
지 못하자 아버지는 의사 대신
에 목사를 권유했다. 다윈도 목
사를 희망했고, 가정교사의 도
움으로 입학시험을 준비하여
1827년에 케임브리지 대학에
입학했다. 다윈은 1831년에 케
임브리지 대학의 신학부를 졸
업하긴 했지만 신학 공부를 열

진화론을 집대성한 찰스 다윈.

심히 하지는 않았다. 그는 낮에는 딱정벌레를 수집하면서 시
간을 보냈고 밤에는 친구들과 술을 마시거나 카드놀이를 했
다. 케임브리지 대학에서 다윈을 사로잡았던 것은 헨슬로(John
S. Henslow) 교수의 식물학 강의였다. 헨슬로는 다윈의 잠재력
을 알아보았고 다윈은 헨슬로의 야외채집에 항상 따라다녔다.
그래서 학생들은 다윈에게 '헨슬로 교수의 그림자'라는 별명을
붙여 주기도 했다. 다윈은 대학 시절에 훔볼트(Alexander von
Humboldt)의 『남아메리카 여행기』, 허셜(John Herschel)의 『자연
철학 입문』, 라이엘(Charles Lyell)의 『지질학 원론』 등과 같은 과
학서적을 탐독하기도 했다.

비글호 항해가 남긴 것은?

다윈의 인생은 비글(Beagle)호 항해를 통해 새로운 전기를 맞

49

이했다. 1831년 말에 헨슬로는 다윈에게 영국 해군의 조사선인 비글호의 세계 여행에 동행하지 않겠느냐고 제안했다. 당시에 비글호의 선장인 피츠로이(Robert FitzRoy)는 지루한 여행에 적합한 젊은 생물학자를 원했고, 헨슬로는 다윈을 적격자로 추천했던 것이다. 처음에 아버지는 완강하게 반대했지만 숙부의 도움으로 다윈은 비글호에 오를 수 있었다. 그때가 1831년 12월 27일이었고, 비글호는 5년 뒤인 1836년 10월 2일에야 영국으로 돌아올 수 있었다.

다윈은 비글호를 타고 여행하는 동안 계속해서 심한 뱃멀미에 시달렸다. 음식은 양도 적었고 소화도 잘 안 되는 것이었다. 견디기 어려운 추위와 더위도 빈번하게 닥쳐왔다. 늪지대를 헤쳐 나갈 때면 독충에 물려 고통을 받았고, 밀림 속에서 물이 떨어진 채 며칠 동안 견뎌야 했다. 이러한 고난이 쌓여서 다윈의 건강은 크게 나빠졌으며, 이로 인해 그는 후년에 각종 질병에 시달렸다.

하지만 비글호 항해는 다윈에게는 매우 가치 있는 경험을 선사했다. 다윈은 비글호 항해를 통해 그동안 화석으로만 보던 동물들을 실제로 관찰할 수 있었다. 또한, 지역에 따라서 같은 종들이 서로 차이가 나는 것을 보았다. 가장 중요한 것은 갈라파고스 군도의 관찰로, 겨우 수십 마일 떨어진 여러 섬들에서 다른 종류의 동물상과 식물상이 분포하고 있음을 보았다. 특히, 다윈의 흥미를 끈 것은 핀치(finch)라는 새의 모양이 섬에 따라 그 모양이 조금씩 달랐다는 점인데, 훗날 다윈의 후

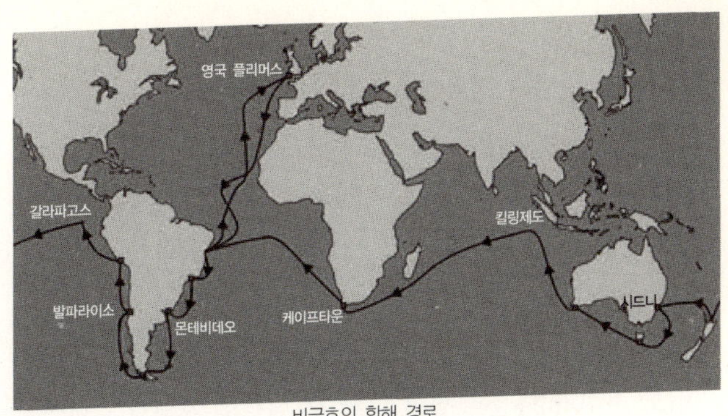

비글호의 항해 경로.

예들은 갈라파고스의 핀치에게 '다윈의 핀치'라는 별명을 붙여
주기도 했다.

이러한 관찰로부터 다윈은 몇 가지 결론을 내릴 수 있었다.
우선, 종이 시간과 지역에 따라 서로 다르다는 점을 계속해서
확인했고 그것은 다윈으로 하여금 종의 진화를 사실로 받아들
이게 했다. 그리고 지역에 따른 종의 차이는 진화가 주위환경
에 적응하는 과정을 통해 일어난다는 점을 말해 주었다. 그러
나 기후와 풍토가 거의 흡사한 섬들에 서로 다른 종들이 분포
되어 있다는 사실은 종의 진화가 단순히 자연적 조건에 의해
기계적으로 정해지는 것은 아니라는 점을 암시했다. 비글호
항해를 마친 다윈에게는 진화가 일어난다는 것은 분명한 사실
이 되었고, 진화가 어떻게 일어나는가, 즉 진화의 메커니즘이
문제가 되었다.

다윈은 비글호 항해 도중에 계속해서 연구 결과를 본국에

보고하였기 때문에 귀국할 즈음에는 이미 상당히 유명해져 있었다. 그는 영국의 지식인들 사이에서 상당한 칭찬을 받았으며, 1838년에 라이엘의 지지를 바탕으로 지질학회의 간사가 되었다. 1839년은 다윈에게 특별한 해였다. 그해에 그는 『비글호 항해기』를 출간했고, 영국 왕립학회의 회원으로 추대되었으며, 외사촌이었던 엠마와 결혼식을 올렸다. 엠마(Emma Wedgwood Darwin)는 다윈이 갖은 육체적·정신적 고통을 감수하면서도 자신의 사상을 펼쳐 나갈 수 있도록 곁에서 도와주었다. 다윈은 엠마에 대하여 "이 세상 아내들 중에서 가장 훌륭하고 자상한 아내"라고 격찬한 바 있다.

『종의 기원』을 출간하기까지

다윈은 진화의 메커니즘을 찾기 위한 단서를 원예가와 동식물 사육가들의 경험에서 찾았다. 그들은 자신들이 기르는 동식물 중에서 원하는 성질을 지닌 것들만을 선택해서 번식시킴으로써 품종을 개량하는 일을 하고 있었다. 즉, 인위선택(artificial selection)을 통하여 인간의 필요에 적응하는 품종 쪽으로 종의 진화를 이루어 낸 것이었다. 다윈은 이와 같은 인위선택에 대한 유비로 진화의 메커니즘이 자연선택(natural selection)에 있다는 점에 주목했다. 이제 다윈에게는 그러한 자연선택이 어떻게 일어나는지를 설명하는 것이 문제가 되었다.

다윈은 그 문제를 풀 수 있는 실마리를 맬서스(Thomas R.

Malthus)의 『인구론』에서 찾았다. 다윈은 1838년 10월에 『인구론』을 '흥미 삼아' 읽었다고 했지만, 당시에는 일반적인 지식인은 물론이고 과학자들도 정치·경제 사상에 상당한 관심을 기울이고 있었다. 맬서스는 인간 사회의 생존경쟁이 점점 치열해지고 있으며 이러한 환경에 잘 적응하는 사람만이 살아남는다고 주장했다. 이러한 맬서스의 주장은 다윈에게 진화의 메커니즘으로서 경쟁의 중요성을 인식할 수 있게 했다. 즉, 이와 같은 경쟁이 특정한 종의 여러 개체 중에서 환경에 잘 적응하는 성질을 가진 것만이 살아남게 하는 선택의 수단으로 작용한다는 것이었다. 더 나아가 다윈은 『인구론』에서 논의하고 있는 인간이라는 하나의 종 내부의 경쟁을 같은 지역 내에 존재하는 여러 종들 사이의 경쟁으로 확장했다.

이처럼 다윈은 1830년대 말에 진화론의 핵심적 주장을 이미 완성해 놓고 있었다. 그는 1839년에 잠정적인 개요이긴 하지만 진화론을 수립했고, 1842년에는 그것을 35페이지의 분량으로 정리했으며, 1844년에는 230페이지에 달하는 원고로 발전시켰다. 다윈은 1844년의 원고에 "이 시론(試論)은 나에게 예기치 않은 죽음이 찾아왔을 때 출판해 달라"고 썼다. 다윈은 약 20년 동안이나 자신의 주장을 공개하기를 꺼렸으며, 후커(Joseph D. Hooker)를 비롯한 주위의 몇몇 사람에게만 알렸다. 여기에는 자신의 주장이 가진 논리상의 단점을 보완하려는 학문적 신중함과 진화론이 야기할 종교적 차원의 논쟁에 대한 두려움이 중요한 원인으로 작용했다. 1840년대와 1850년대에 다윈은 남아메리카의 지질학이나 갑각류의 일종인 따개비에 관한 논문을 발표하면서 진화론에 대한 연구 결과를 보완하는 작업을 추진했다.

그러던 중 1858년 6월에 다윈은 말레이 반도에 있었던 월러스(Alfred R. Wallace)로부터 충격적인 편지를 받았다. 월러스는 자신이 출간하려는 논문의 요지를 설명하면서 솔직한 논평을 보내 달라고 요청했는데, 그 내용이 다윈의 생각과 놀랄 만큼 똑같았던 것이다. 곤혹스러운 상황에 빠진 다윈은 라이엘에게 다음과 같은 편지를 썼다. "이렇게도 철저히 꼭 들어맞는 우연의 일치란 상상도 못 할 정도입니다. 만일 1842년에 쓴 나의 원고 초안을 월러스가 입수했더라면 그는 더 이상 훌륭한 논문을 작성할 수 없었을 것입니다."

다행스럽게도 후커와 라이엘 등이 중재에 나섰다. 결국 다윈은 월러스와 공동으로 1858년 7월 1일에 개최되었던 린네 학회에서 자신들의 진화론에 대해 발표했다. 당시에 월러스는 오히려 아량을 보이면서 "다윈만의 공로라고 인정해야 할 이러한 발견에 한몫을 끼워 준다니 이는 보기 드문 행운"이라는 의견을 표방했다. 이런 식으로 역사상 가장 주목할 만한 동시 발견이 별다른 우선권 논쟁 없이 인정될 수 있었다. 그것은 다윈과 월러스가 같은 과학자 사회에 속해 있었다는 점, 두 사람이 상대방의 권위와 이익을 인정해 주었다는 점, 몇몇 과학자들이 중개인의 역할을 지혜롭게 수행했다는 점 등이 어우러진 결과였다.

1859년 11월 24일, 다윈은 드디어 『종의 기원(Origins of Species)』으로 알려져 있는 『자연선택에 의한 종의 기원에 관하여, 또는 생존투쟁에서 선호되는 품종에 관하여』라는 책자를 발간했다. 『종의 기원』의 초판은 400페이지에 달하는 방대한 서적이었으며, 출간되자마자 절찬리에 판매되었다. 『종의 기원』은 과학의 역사에서 유클리드의 『기하학 원론』이나 뉴턴의 『프린키피아』에 버금가는 지위를 인정받고 있다. 흥미롭게도 1859년은 마르크스(Karl Marx)의 『정치경제학 비판』, 밀(John S. Mill)의 『자유론』, 바그너(Richard Wagner)의 『트리스탄과 이졸데』와 같은 불멸의 고전들이 쏟아져 나온 해이기도 했다. 『종의 기원』은 1872년까지 판본을 여섯 번이나 바꾸었는데, 1869년에 발간된 제5판부터 '적자생존(survival of the fittest)'이라는 용어가 사용되었다.

진화론의 파문

『종의 기원』은 출간과 동시에 큰 파문을 일으켰다. 종이 진화한다는 사실 자체는 당시로서는 상당히 퍼져 있었고 따라서 크게 새로울 것이 없었지만, 경쟁에 의한 자연선택이라는 진화의 메커니즘을 체계적으로 규명했다는 점이 이목을 집중시켰다. 특히, 다윈은 『종의 기원』에서 종의 진화를 뒷받침하는 방대한 증거를 제시했고 그것은 다윈의 진화론에 커다란 과학적 무게를 실어 주었다.

진화론에 대한 가장 유명한 논쟁은 1860년에 있었던 영국 과학진흥협회의 모임에서 벌어졌다. 옥스퍼드 성당의 주교 윌버포스(Samuel Wilberforce)는 '다윈의 불독'으로 불렸던 헉슬리(Thomas Huxley)에게 "당신은 원숭이를 조상으로 믿는 모양인데, 그렇다면 그 원숭이는 할아버지 쪽입니까, 아니면 할머니 쪽입니까?"라고 물었다. 이에 대해 헉슬리는 "윌버포스 씨, 조상이 원숭이라는 것이 그렇게 부끄러운 일입니까? 그보다도 과학에 대해 알지도 못하면서 무식하게 고집만 부리는 인간을 조상으로 가진 쪽이 훨씬 더 부끄러운 것 같은데요"라고 응수했다.

『종의 기원』이 발간된 직후에는 진화론자과 창조론자 사이에 상당한 대립이 있었지만, 1870년대가 되면 대부분의 지식인들은 기독교 신자이건 아니건 간에 진화가 사실임을 받아들이기 시작했다. 특히, 진보적 성직자들은 성경을 글자 그대로 옹호할 필요가 없었기 때문에 진화론을 비롯한 새로운 과학을 비교적 쉽게 수용했다. 물론 간헐적인 논쟁은 있었지만 1900년이 되면 진화와 종교의 갈등은 더 이상 중요한 문제로 다루어지지 않는 것처럼 보였다. 그것은 진화론과 같은 과학이 다루는 영역과 종교가 다루는 영역이 서로 다르다는 판단에 입각하고 있었다. 종교는 마음이나 양심과 같은 내적 증거를 다루며 자연의 외적 증거는 더 이상 종교의 영역이 아닌 것으로 간주되었던 것이다.

오히려 다윈의 진화론은 종교계보다는 과학계에서 더욱 큰

문제가 되었다. 다윈의 진화
론에 대한 비판 중의 하나는
화석상의 증거를 볼 때 종과
종 사이의 중간적인 형태가
발견되지 않는 경우가 많다
는 데 있었다. 이에 대하여
다윈은 명확하게 설명하지
못했지만, 후대의 학자들은
종이 비교적 오랫동안 안정
적인 상태에 있다가 환경의

'원숭이인가, 인간인가?' 다윈의 진화론을
풍자한 그림(1866).

변화에 따라 갑자기 종 분화가 이루어진다고 봄으로써 중간
형태의 결여를 설명할 수 있었다. 또 다른 비판은 잘 발달된
기관이 초기에 어떻게 형성되었는지를 설명하기 어렵다는 것
이었다. 예를 들어, 깃털이 잘 발달되어 있을 때에는 그것의
유용성을 쉽게 설명할 수 있지만, 깃털이 처음에 불완전한 형
태로 생겨나기 시작했을 때에는 오히려 깃털의 존재가 자연선
택에 불리하게 작용한다는 것이다. 이에 대해 다윈은 깃털이
처음 생겼을 때에는 체온 조절과 같은 기능을 했을 것이며, 이
후에 다른 용도가 우연하게 발견되었을 것이라고 설명했다.

　과학적 측면에서 가장 큰 문제는 변이가 어떻게 계승되는
가 하는 유전의 문제였다. 다윈은 『종의 기원』에서 변이를 일
으킬 수 있는 요인 중의 하나로 라마르크의 용불용설을 꼽았
다. 특히, 다윈이 1868년에 제시한 판제너시스(pangenesis) 가

설은 분명히 획득형질의 유전을 지지하고 있었다. 그 가설은 각 체세포에 퍼져 있는 제뮬(gemmule)이 체세포에서 떨어져 나가 정소나 난소에 모여 생식세포를 형성한다는 것으로서 체세포가 획득한 형질이 생식세포를 통해 유전된다는 의미를 함축하고 있었다. 유전의 문제는 1866년에 멘델(Gregor J. Mendel)이 완두콩 실험을 통해 정립한 유전의 법칙이 1900년에 재발견되고, 1915년에 모건(Thomas H. Morgan)이 초파리 실험을 통해 염색체가 유전정보를 전달한다는 사실을 입증함으로써 해결되기 시작했다.

그러나 다윈과 라마르크의 진화론은 여전히 커다란 차이를 가지고 있었다. 가장 큰 차이점은 라마르크가 생물은 하등한 것에서 고등한 것으로 일방향적인 진화를 보인다는 목적론적 주장을 폈다는 데 있다. 이에 반해 다윈은 진화의 방향은 자연선택에 의해 결정될 뿐이며 나무에서 가지가 뻗어 나가는 것처럼 하나의 공통 조상에서 여러 종이 진화되어 나간다고 생각했다. 비유적으로 말하자면, 진화론의 모형이 사다리 모형에서 나무 모형으로 바뀐 것이다. 이로써 우리는 침팬지가 아무리 시간이 지나도 인간이 될 수 없다는 사실을 명확히 이해하게 되었으며, 가지의 끝에 있는 모든 종들은 자신의 서식지에서 잘 적응한 성공적인 존재들이라는 점을 인식할 수 있게 되었다.

다윈의 생물학적 진화론이 나온 시기에 스펜서(Herbert Spencer)는 사회진화론(Social Darwinism)을 제창하여 주목을 받았다. 스펜서는 모든 사회가 한 방향으로 진보하며 동일한 발전 단계를 거친다고 주장했다. 사회진화론은 서구 사회가 가장 진보한 사회임을 주장함으로써 이후에 제국주의나 인종주의를 정당화하는 논거로 활용되기도 했다. 당시에는 다윈의 진화론이 사회진화론과 종종 혼동되기도 했지만 사실상 두 이론은 상당한 차이점을 가지고 있다. 다윈이 제창한 진화론은 정해진 방향으로 진화한다는 목적론적 진화론이 아니었고, 다윈은 자신의 이론이 인간 사회에 적용될 수 있다고 생각하지도 않았다.

다윈은 『종의 기원』을 출간한 이후에도 진화론과 관련된 열 권의 책을 계속해서 펴냈다. 그중에는 『인간의 계보』(1871), 『인간과 동물의 감정 표현』(1872), 『식물의 운동력』(1880) 등이 유명하다. 다윈은 『종의 기원』을 쓸 당시에는 유신론자였지만 나중에는 불가지론자가 되었다. 그럼에도 불구하고 다윈은 1882년에 사망한 후 기독교 의식으로 웨스트민스터 사원에 묻힐 수 있었다. 그것은 진화론에 대한 종교적 논쟁이 일단락되었음을 상징하는 사건이었다.

발명왕의 등극과 몰락, 토머스 에디슨

문제아에서 전신기술자로

오늘날의 기술시스템(technological system)을 촉발한 많은 발명들은 19세기 후반과 20세기 초반에 출현했다. 강철, 인공염료, 전기, 전신, 전화, 자동차 등이 그 대표적인 예이다. 이러한 변화는 이전에 영국을 중심으로 전개되었던 산업혁명에 대비하여 제2차 산업혁명으로 불린다.

에디슨은 제2차 산업혁명의 주역 가운데 한 사람으로서 우리에게 발명왕으로 유명하다. 그는 평생 동안 미국에서 1,093개의 특허를 받았고, 다른 나라에서 1,239개의 특허를 받았다. 양적인 면뿐만 아니라 질적인 면에서도 에디슨의 발명은 중요

하다. 그의 대표적인 발명품인 백
열등, 축음기, 영화 등은 20세기
과학기술문명의 시대를 열어 주
는 역할을 담당했다. 에디슨 하
면, 달걀을 품었던 호기심 많았던
소년, 수습공에서 대기업 사장으
로 자수성가한 사람, "천재는 99
퍼센트의 노력과 1퍼센트의 영

전기의 시대를 연 발명왕,
토머스 에디슨.

감"이라는 명언을 남긴 인물 등의 이미지가 떠오른다.

　에디슨(Thomas A. Edison, 1847~1931)은 1847년에 미국 오하이
오 주의 밀란에서 일곱 남매 중 막내로 태어났다. 아버지는 목
수였고 어머니는 이전에 교사로 활동한 바 있었다. 어린 시절
에 에디슨은 상상력이 매우 풍부하고 기발한 호기심을 가졌던
것으로 전해진다. 달걀을 품어 병아리를 만들려고 했다는 일
화 이외에도 숱한 이야기가 있다. 한번은 에디슨이 곡물 창고
에 들어가 그 구조를 유심히 관찰하던 중에 스위치를 잘못 눌
러 곡물에 깔려 죽을 뻔했다고 한다. 에디슨이 사람이 하늘을
날 수 있도록 하는 알약을 만들어 친구에게 먹게 했으나 그
친구가 하늘을 날기는커녕 며칠 동안 배가 아파 고생했다는
이야기도 있다.

　이러한 에디슨에게 틀에 박힌 학교교육은 아무런 흥미도
부여하지 못했다. 수업 시간이 되면 에디슨은 선생님의 말씀
은 듣지 않고 갖은 공상의 나래를 펴면서 노트에다 이상한 기

계를 그리곤 했다. 에디슨의 학교 성적은 밑바닥을 헤맸고 에디슨은 말썽꾸러기 혹은 문제아로 낙인이 찍혔다. 에디슨의 학교 출석률은 점점 낮아졌고 결국 에디슨은 5년간 초등학교를 다니다가 열두 살에 학교를 그만두고 말았다. 실제 에디슨이 초등학교에 본격적으로 출석한 기간은 3개월 정도에 지나지 않았다고 한다.

어린 시절의 에디슨은 오늘날 교육심리학에서 말하는 ADHD (attention-deficient/hyperactivity disorder) 아동(주의력이 결핍되어 있고 과잉 행동을 하는 장애를 가진 아동)으로 평가되기도 한다. 호기심이 왕성했지만 이상한 행동이 많았고 집단생활에 잘 적응하지 못했으며 정서불안의 증세를 보였던 것이다.

이처럼 정규교육을 제대로 받지 못한 에디슨에게는 가정교육이 매우 중요한 역할을 담당했다. 에디슨의 어머니는 자식이 흥미를 느끼는 분야를 중심으로 공부를 시키면서 점차 그 범위를 확장시켜 나갔다. 특히, 에디슨은 아홉 살 때 파커 (Richard Parker)의 『자연·실험·철학』이라는 책을 읽으면서 과학에 깊은 관심을 가지게 되었던 것으로 전해진다. 열 살 때에는 자기 집 지하에 실험실을 만들어 그 책에 소개되어 있는 실험을 모두 스스로 해 보기도 했다.

초등학교를 중퇴한 에디슨은 1859년부터 자신의 실험 비용을 확보하기 위하여 철도 급사로 일했다. 에디슨은 열차를 왕래하면서 신문과 음식물을 팔았다. 또한, 에디슨은 차장의 허락을 얻어 열차 뒤편에 실험실을 만든 후 틈틈이 실험을 했다.

1861년부터 미국에서 남북전쟁이 진행되면서 전쟁의 소식을
담은 신문이 불티나게 팔리자 에디슨은 열여섯 살 때 헌 인쇄
기를 구입한 후 신문을 스스로 제작하여 큰 수입을 올리기도
했다.

　에디슨 신문의 인기가 점점 좋아지고 있을 때 에디슨의 열
차 실험실에서 화재가 발생하는 사고가 발생했다. 스티븐슨
(Stevenson) 차장의 수습으로 불은 곧 꺼졌지만 차장은 에디슨의
실험용 기기와 약품을 모두 밖으로 던져 버렸다. 그 사건 이후
에 우울한 나날을 보내고 있었던 에디슨은 열차에 치일 뻔했
던 매켄지(MacKenzie) 역장의 세 살배기 아들을 구해주었다. 전
신기술자였던 역장은 감사의 뜻으로 에디슨에게 5개월 동안
전신기술을 가르쳐 주었다.

　에디슨은 열여섯 살이 되었던 1863년부터 미국의 남부 및
중서부 지역을 떠돌아다니며 수습 전신기술자로 일을 하다가
스물한 살이 되었던 1868년에 보스턴에 정착했다. 그해에 에
디슨은 자신의 최초의 발명품인 전기투표기록기를 발명했는
데, 그것은 투표자가 찬성 혹은 반대의 버튼을 누르면 투표결
과가 자동으로 기록되는 기계였다. 그러나 국회 직원들이 사
용할 필요를 느끼지 못했기 때문에 전기투표기록기는 실패작
이 되었다. 에디슨은 여기서 큰 교훈을 얻었다. 사람들이 필요
로 하지 않는 발명에는 연연하지 말라는 것이었다.

　에디슨은 1869년에 전업 발명가(full-time inventor)가 되겠다고
선언했고 1870년에는 전신 장비를 만드는 공장을 차렸다.

1870년대 초반에 에디슨은 웨스턴 유니언 전신(Western Union Telegraph)을 비롯한 여러 기업의 의뢰를 받아 전신기의 발명이나 개량에 집중했는데, 그가 발명한 전신기에는 인쇄전신기, 자동전신기, 사중전신기 등이 있었다.

1871년에 에디슨은 한 여인을 보내고 다른 여인을 맞이했다. 그해 4월에는 아주 슬픈 소식이 날아왔다. 그것은 바로 자신을 그토록 아끼던 어머니의 죽음이었다. 1871년이 저물 무렵에 에디슨은 메리 스틸웰(Mary Stilwell)에게 사로잡혔고 열렬한 구애 작전을 펼쳤다. 그해 크리스마스에 에디슨은 열여섯 살의 소녀인 메리와 결혼식을 올렸다. 에디슨 부부 사이에는 한 명의 딸과 두 명의 아들이 태어났다. 전신에 푹 빠져 있었던 에디슨은 첫딸과 큰아들에게 모스부호의 점과 선에 해당하는 '도트'와 '대시'라는 애칭을 붙였다.

그러나 신혼 생활의 즐거움도 잠깐이었다. 에디슨은 대부분의 시간을 작업장에서 보냈고 때로는 새벽까지 일하기도 했다. 남편의 사랑을 받지 못하고 외로움에 빠진 메리는 과소비로 마음을 달랬다. 에디슨이 터 준 외상 거래 장부로 그녀는 여러 상점에서 사치품을 사 모으는 데 정신이 없었다. 두 사람의 결혼 생활은 행복하지 않았고 에디슨은 더욱더 일에 파묻히면서 문제를 회피했다.

멘로 파크의 마술사

에디슨은 1876년에 멘로 파크(Menlo Park)에 연구소를 차리면서 생애 최대의 전성기를 맞이하게 되었다. 에디슨은 그의 연구소에 기계공, 화학자, 모형제작자 등 20여 명의 전문 인력을 고용하고 발명기구, 화학물질, 증기기관은 물론 자료실까지 구비함으로써 개인적 차원이 아닌 조직적 차원의 발명을 시도했다. 그러나 멘로 파크 연구소는 기술자들이 활동을 주도하고 과학자들은 이를 보조하는 데 머물렀기 때문에 오늘날과 같은 산업적 연구(industrial research)의 출발점이라 보기는 어렵다. 실제로 에디슨 자신도 멘로 파크 연구소를 '발명 공장(invention factory)'으로 불렀다.

에디슨은 멘로 파크 연구소를 설립하면서 "열흘에 한 건씩 간단한 발명, 6개월에 한 건씩 굉장한 발명"을 해낼 것이라고 선언했다. 1876년에 에디슨은 자동전신에 사용될 수중 케이블을 시험하던 도중에 탄소의 전기저항과 전도성이 압력에 따라 변한다는 사실을 발견한 후 자석 대신 탄소를 사용하여 전류를 변화시키는 압력 계전기를 고안했다. 1877년에는 전화수화기와 확성기에 사용되는 탄소송화기를 발명함으로써 1876년에 벨(Alexander G. Bell)이 발명했던 전화의 성능을 크게 향상시켰다. 같은 해에 에디슨은 전화에서 수신된 메시지를 사람의 음성으로 바꿀 수 있는 기구를 개발하던 중에 축음기(phonograph)를 발명하여 센세이션을 불러 일으켰다. 이러한 잇단 발명을 통해

멘로 파크 연구소의 모습.

에디슨은 '멘로 파크의 마술사'라는 칭호를 얻으면서 미국의 기술자 사회를 주도하기 시작했다.

에디슨의 가장 위대한 발명품은 '전기의 시대'를 개막한 백열등이라 할 수 있다. 당시의 공장이나 거리에서는 가스등이나 아크등이 사용되고 있었는데, 가스등은 불빛이 약하고 가격이 비쌌으며 아크등은 너무 밝고 폭발의 위험성을 가지고 있었다. 에디슨은 가정에서도 사용할 수 있는 전등 시스템을 구축한다는 목표하에 기존의 가스등 시스템과 경제적으로 경쟁하기 위한 목적을 가지고 전등의 개발에 착수했다. 그는 체계적인 비용 분석을 통하여 전도체에 사용되는 값비싼 구리가 전등 시스템 개발에서 걸림돌에 해당한다는 점을 밝혀낸 후, 전등에 필요한 에너지를 충분히 공급하면서도 전도체의 경제성을 보장하는 것을 핵심적인 문제로 규정했다. 그는 옴(Ohm)의 법칙과 주울(Joule)의 법칙을 활용하여 전도체의 길이를 줄이고 횡단면적을 작게 하는 방법을 탐색했고, 결국 오늘날과 같은 1A(암페어) 100Ω(옴)짜리 고저항 필라멘트라는 개념에 도달했다. 이러한 백열등 개발에는 1,600가지 이상의 금속선이 동원되었고 그때 작성한 노트는 4만 페이지가 넘었다고 한다.

에디슨은 기술을 선전하는 데에도 일가견을 가지고 있었다. 1879년 12월 31일에는 멘로 파크에서 요상한 송년 파티가 열렸다. 파티에 참석하기 위해 사람들이 멘로 파크까지 연결된 특별 기차를 타고 모였다. 멘로 파크 역에 도착한 사람들은 맨 먼저 백열등이 내뿜는 빛의 인사를 받았다. 백열등은 역에서 에디슨의 연구소로 이어지는 길을 환하게 밝혔다. 연구소로 들어선 사람들은 백열등을 직접 보고 깜짝 놀랐다. 그들은 백열등이 부드러운 빛을 발산하기 때문에 눈이 피로하지 않다는 사실을 알 수 있었다.

그때 에디슨이 등장했다. 사람들은 그가 생각보다 젊다는 사실에 놀랐다. 당시에 에디슨은 겨우 서른두 살에 불과했던 것이다. 에디슨은 느릿느릿한 말투로 백열등이 어떻게 작동하는지에 대해 간단히 설명했다. 에디슨의 설명이 끝나자 연구소의 직원들은 백열등 하나를 물이 가득 찬 그릇에 담았다. 그 백열등은 네 시간 동안 한 번도 꺼지지 않고 계속 빛을 냈다. 에디슨은 또한 전기 모터를 사용하여 재봉틀과 펌프를 작동시키는 시범도 보였다.

그날 밤에는 예기치 않았던 몇 가지 사건이 발생하기도 했다. 어떤 여자가 발전기에 너무 가깝게 가는 바람에 머리에 꽂은 핀이 떨어져 나갔는데 그 일로 사람들은 자기장의 힘이 얼

상업적으로 성공한 최초의 백열등 모델(1879).

마나 센지 눈으로 직접 확인할 수 있었다. 가스등 회사에 근무했던 어떤 사람은 철선을 숨겨와 누전을 일으켜 행사를 방해하려고 했다. 그러나 에디슨의 전등에는 이미 안전 퓨즈가 설치되어 있었기 때문에 어떠한 사고도 일어나지 않았다. 그 사람만 연구소 직원들에 의해 문밖으로 끌려갔을 뿐이다.

에디슨이 백열등만을 발명한 것은 아니었다. 그는 발전, 송전, 배전에 필요한 모든 것을 만들었다. 거기에는 전기모터, 발전소, 전선, 소켓, 스위치, 퓨즈 등이 포함되어 있었다. 에디슨이 발명한 것은 하나의 기술이 아니라 여러 가지 기술이 결합된 시스템이었던 것이다. 에디슨에 앞서 백열등을 발명한 사람은 많았지만 에디슨을 진정한 백열등의 발명가로 평가하는 이유도 여기에 있다.

영국의 과학자이자 발명가인 스완(Joseph W. Swan)도 에디슨에 앞서 전등을 연구한 사람이었다. 그는 1848년부터 전등을 위한 실험을 했고 1860년에 기본적인 아이디어를 제출했으며 1879년 2월에 에디슨과 유사한 전등을 만들었다. 스완은 1880년에 특허를 받은 후 이듬해에 스완 유나이티드 전기 회사를 설립하여 사업을 시작했다. 이에 에디슨은 영국 법정에 스완을 특허권 침해로 고소했지만 홈 코트의 이점을 안고 있었던 스완을 꺾는 것은 쉽지 않았다. 사업 감각이 뛰어난 에디슨은 스완과 연합하는 쪽으로 방향을 바꾸었다. 결국 1883년에 탄생한 에디슨-스완 유나이티드 전기 회사는 '에디스완(Ediswan)'이라는 상표로 전등을 제작하여 판매했다.

웨스팅하우스와의 '전류전쟁'

에디슨은 전등을 시스템적 차원에서 개발했을 뿐만 아니라 전등의 상업화를 위한 활동도 시스템적으로 전개했다. 즉, 전등의 연구개발을 담당하는 회사, 전력을 공급하는 회사, 발전기를 생산하는 회사, 전선을 생산하는 회사 등을 잇달아 설립하여 전기에 관한 한 모든 서비스를 제공해 줄 수 있는 '에디슨 제국(Edison Empire)'을 구성했던 것이다. 에디슨 제국은 1882년에 뉴욕에 세계 최초로 중앙 발전소를 설립하는 것을 계기로 미국의 전등 및 전력 산업을 석권하기 시작했으며, 에디슨 제국의 기업들은 1889년에 에디슨 제너럴 일렉트릭(Edison General Electric)사로 통합되었다.

그런데 에디슨 제국은 직류방식을 채택하고 있었기 때문에 발전소를 소비지역과 인접한 곳에 설치해야 하는 약점을 가지고 있었다. 이에 반해 교류방식에서는 중앙 발전소에서 생산된 수천 볼트의 전기를 전송하면 각 소비지역에 설치된 전신주의 변압기에서 전압을 내리면 되기 때문에 석탄이나 물의 공급이 용이한 지역에 발전소를 설치할 수 있는 이점을 가지고 있었다. 급기야 전력 시스템의 표준을 어떻게 정할 것인가 하는 문제를 놓고 직류방식의 대표 기업인 에디슨사와 교류방식의 대표기업이었던 웨스팅하우스(Westinghouse) 사는 '전류전쟁(Current War)'이라 불릴 정도로 치열한 싸움을 전개하기 시작했다.

교류가 서서히 세력을 확장하자 에디슨은 흠집 내기 공작으로 반격을 시도했다. 그는 '에디슨 사가 경고합니다'라는 팸플릿에서 웨스팅하우스를 살인자로 몰아세웠다. 그것은 고전압 교류선에 가까이 갔을 때 발생할 수 있는 위험을 경고하면서 고압 전류에 의해 전기구이가 된 사람들의 명단까지 실었다. 팸플릿의 마지막 부분에서 에디슨은 "이렇게 무서운 교류를 가정에서 사용하시겠습니까?"는 질문을 던졌는데, 팸플릿을 읽은 정상적인 사람이라면 당연히 '아니요'라는 대답이 나오게끔 되어 있었다.

그러나 곧이어 발생한 두 가지 사건은 웨스팅하우스를 유리하게 했다. 프랑스의 구리 판매 기업들이 연합하여 구리 가격을 세 배로 인상했는데, 그것은 전류를 굵은 구리선을 통해 보내고 있었던 직류방식의 경제성에 더욱 의문을 가지게 했다. 이보다 더욱 중요한 사건은 테슬라(Nikola Tesla)가 1888년에 교류방식에 사용될 수 있는 유도전동기(전기에너지를 운동에너지로 전환시키는 장치)를 발명했다는 점이었다. 유도전동기가 발명되기 이전에는 교류로 전기를 생산하는 것이 경제적이라 하더

라도 응용 범위가 제한되기 때문에 직류방식을 대체하기 어려
웠다.

궁지에 몰린 에디슨은 교류를 불법화하는 방법으로 문제를
해결하려고 했다. 그때 에디슨의 대변인으로 나섰던 사람은
멘로 파크의 수석 엔지니어였던 브라운(Harold Brown)이었다. 브
라운은 50여 마리의 개를 구입한 후 전기충격 실험을 실시했
다. 전압을 일정한 단위만큼 차츰 증가시켜 개가 감전사를 당
하는 수치를 '과학적으로' 밝힌다는 것이었다.

브라운은 「뉴욕 타임스」를 통해 공개적인 결투 신청서를
제출하기도 했다. "내 몸에 직류를 흘려보내는 동안 웨스팅하
우스 씨의 몸에는 교류를 흘려보내 누가 오래 견디는지를 알
아봅시다. 100볼트에서 시작하여 50볼트씩 올릴 것을 제안합
니다. 둘 중 한 명이 비명을 지르며 고통스러워한다면 그는 자
신의 결점을 공개적으로 시인하는 것이 될 것입니다." 웨스팅
하우스가 이를 무시해 버리자 에디슨 사는 공개적인 사형집행
을 위한 희생양을 찾기 시작했다.

때마침 뉴욕 주는 교수형을 대신할 '인도적인' 사형집행 방
법을 찾고 있었다. 에디슨은 전기가 "가장 짧은 시간 안에 최
소한의 고통으로 사형을 집행시켜 줄 최선의 방책"이라고 주
장하면서 사형집행에 사용될 기구로 웨스팅하우스의 교류 발
전기를 제안했다. 웨스팅하우스가 발전기를 판매할 리는 만무
했으므로 에디슨은 우회적인 방법으로 웨스팅하우스의 발전
기를 구입하여 전기사형이 집행될 형무소로 보냈다. 또한 그

는 자신이 직접 전기의자를 설계하여 전기사형을 도왔다.

1890년 8월 6일에 뉴욕 주의 오번 형무소에서는 세계 최초로 전기사형이 실시되어 '전기구이가 된 사형수'에 관한 기사가 언론에 대서특필되었다. 그러나 에디슨의 기대와는 달리 전기사형 작전도 교류의 상승세를 저지하는 데 아무런 역할도 하지 못했다. 결국 웨스팅하우스 사가 1893년 5월에 개최된 시카고 만국박람회에서 에디슨 사를 제치고 전기시설 독점권을 따내면서 전류전쟁은 일단락되었다.

전류전쟁이 한참 전개되고 있었던 1892년에 에디슨 제너럴 일렉트릭 사는 톰슨-휴스턴(Thomson-Houston) 사와 합병되어 제너럴 일렉트릭(General Electric, GE) 사가 되었다. 두 회사는 모두 과도한 사업 확장으로 재정상의 어려움을 겪고 있었고 당시에 '금융왕'으로 불렸던 모건(John P. Morgan)의 개입으로 합병의 길을 택했던 것이다. 기업 경영의 주도 세력이 발명가에서 금융가로 대체되었던 셈이다. GE는 1893년에 스타인메츠(Charles P. Steinmetz)가 근무하고 있었던 아이케마이어(Eickemeyer) 사를 합병하면서 교류 시스템에 투자하기 시작했다.

전류전쟁의 승자는 웨스팅하우스로 보이지만 사실은 그렇게 간단하지 않다. 당시만 해도 전기를 생산하는 일은 웨스팅하우스가 할 수 있었지만 전기를 공급하는 각종 설비는 에디슨 사의 후신인 GE가 독점하고 있었다. 이에 따라 1895년에 나이아가라 폭포에 수력 발전소를 건설하는 공사는 웨스팅하우스가 발주했지만, 나이아가라 발전소에서 버펄로 시로 전기

를 공급하는 전선을 제작하는 일은 GE가 맡았다. 더 나아가
두 기업은 특허를 공유하는 방법을 통해 사업의 영역을 확장
했다. GE가 웨스팅하우스의 독점 분야였던 철도장치의 제작
에 참여하고 웨스팅하우스가 GE의 독점 분야였던 전등 및 전
력 기기를 생산하기 시작했던 것이다.

축음기, 영화, 그리고 발명왕의 몰락

1880년대 초반에 에디슨은 한참 성공 가도를 달리고 있었
지만 가정적인 면에서는 불행을 겪었다. 1882년부터 아내 메
리의 건강이 급격히 나빠졌고 1884년에는 메리가 숨을 거두
고 말았다. 메리가 죽은 지 2년이 지난 후에 에디슨은 스무 살
의 매력적인 여성인 미나 밀러(Mina Miller)와 재혼을 했다. 그러
나 에디슨과 미나의 결혼 생활도 첫 번째 부인 메리와의 결혼
생활과 크게 다르지 않았다. 결혼을 하고 나자 에디슨은 또다
시 가정은 무관심한 채 실험과 연구에만 몰두했다. 미나도 남
편을 실험실에 빼앗긴 채 외롭게 지냈다. 그녀는 "에디슨은
온종일, 심지어는 꿈에서도 발명을 해요"라고 말하기도 했다.
1887년에 에디슨은 웨스트오렌지(West Orange)에 멘로 파크
연구소보다 열 배나 큰 연구소를 차렸다. 거기서 에디슨은 축
음기를 상업화하는 작업을 추진했지만 별다른 재미를 보지 못
했다. 축음기의 오락적 가능성을 알아차린 사람들은 동전을
넣으면 대중음악을 자동적으로 선택해서 연주해 주는 주크박

에디슨의 축음기에 대한 광고.

스(juke-box)를 만들어 상당한 수익을 올렸다. 그러나 에디슨은 축음기를 "속기사 없이 사람의 말을 받아쓰는" 기계로 생각했지 음악 재생에는 큰 관심을 두지 않았고, 주크박스가 인기를 얻자 사무실 내에서 사용되어야 할 축음기가 왜곡되었다고 생각했다. 이처럼 에디슨은 대중문화를 선도했던 축음기를 개발했음에도 불구하고 그것을 배경으로 성장한 새로운 문화를 이해하지 못했던 역설적인 삶을 살았다.

에디슨의 이러한 면모는 영화사업에서도 잘 드러난다. 에디슨은 1891년에 키네토스코프(kinetoscope)로 불린 활동 사진기를 개발한 후 1893년에 세계 최초의 영화 스튜디오인 '검은 마리아'를 차렸다. 에디슨의 극장에서 영화를 본 사람들은 입을 다물 줄 모를 정도로 에디슨의 영화산업은 앞날이 매우 밝은 듯이 보였다. 영화에 대한 사람들의 관심이 급증하자 미국 곳곳에서는 5센트만 내면 영화를 볼 수 있는 극장들이 번창했다. 5센트 극장은 대중들이 흥미를 느낄 수 있는 영화를 만들고 스타를 키우는 일이나 화면을 크게 하는 일에 과감히 투자했다.

이에 반해 에디슨은 흥미보다는 교육과 관련된 영화를 제작했고, 스타나 화면과 같은 외형적인 것보다는 영사기의 성능을 개선하는 데 노력을 기울였다. 심지어 그는 5센트 극장에서 상영되는 영화들은 선정적이고 폭력적이라고 비판하면서 검열 제도를 적극적으로 지지했다. 이러한 에디슨의 사업 전략은 점점 소비자의 기호와 멀어지게 되어 에디슨은 '영화를 발명했지만 영화사업에서는 실패한 사람'이 되었다.

에디슨은 그가 10년 이상 동안이나 정력을 쏟았던 자석광산에 대한 투자가 실패로 끝나고 제1차 세계대전 때 위원장을 맡았던 해군자문위원회(Naval Consulting Board)가 별다른 업적을 달성하지 못하면서 점차 미국 기술자 사회에서 '노인' 취급을 받게 되었다. 1890년대 이후에는 전기산업에 대한 주도권이 에디슨과 같은 독립발명가에서 점차 대학에서 정규교육을 받은 과학기술자들의 손으로 넘어갔던 것이다.

에디슨은 말년에도 발명에 대한 의욕을 접지는 않았지만 크게 성공하는 발명이 없는 가운데 1931년에 여든네 살을 일기로 세상을 떠났다. 그가 마지막으로 남긴 말은 "나는 아주 오래 살았다. …… 신념을 가져라. 전진하라"였다. 그의 집과 연구소는 웨스트오렌지에 에디슨 국립 역사박물관으로 보존되어 있다.

현대물리학을 연 평화주의자, 알베르트 아인슈타인

학교에 잘 적응하지 못한 소년

과학의 역사에서 가장 중요한 두 공식으로는 $F=ma$와 $E=mc^2$이 꼽힌다. 두 공식을 만든 사람은 과학의 천재로 간주되고 있는 뉴턴과 아인슈타인이다. 두 사람이 중요한 과학적 업적을 이루었던 1666년과 1905년은 '기적의 해(Annus mirabilis)'로 불린다. 뉴턴은 1666년에 만유인력의 법칙, 미적분학, 색깔이론을 고안했고, 아인슈타인은 1905년에 특수상대성이론, 광전효과(光電效果), 브라운운동 등에 대한 논문을 잇달아 출간했다.

아인슈타인(Albert Einstein, 1879~1955)은 1879년에 독일 울름의 유대인 집안에서 태어났다. 1880년에 그의 가족은 뮌헨으로 이사를 갔다. 거기서 아버지인 헤르만 아인슈타인(Hermann Einstein)과 삼촌인 야코브(Jacob Einstein)는 조그마한 전기발전 공장을 차렸다. 어머니인 파울리네(Pauline K. Einstein)는 음악적 소양이 풍부했고, 아인슈타인은 여섯 살 때부터 바이올린 교습을 받기 시작했다. 아인슈타인

현대물리학의 대명사, 알베르트 아인슈타인.

은 나중에도 자주 바이올린을 연주했고, 자신이 과학자가 되지 않았더라면 음악가가 되었을 것이라고 말한 적도 있다.

아인슈타인은 1886년에 뮌헨의 루이트폴트 김나지움에 입학했다. 그는 수학과 과학 수업은 좋아했지만, 라틴어와 그리스어에는 전혀 흥미를 느끼지 못했다. 게다가 그 학교는 엄격한 독일식 훈육을 표방하고 있어서 아인슈타인은 학교생활에 회의를 느꼈다. "뮌헨의 김나지움은 수업 방식에 문제가 있어요. 딱딱하고 무거운 수업 분위가 싫어요. 암기만을 강요하는 그런 학교에서 공부하고 싶지 않아요." 아인슈타인은 병원에 가서 신경쇠약이라는 진단을 받은 후에 진단서를 휴학원과 함께 학교에 제출했다.

1894년에 아인슈타인은 김나지움을 졸업하지 못한 채 이탈리아 밀라노로 갔다. 당시에는 독일에서 사업에 실패한 아버지가 가족을 데리고 이탈리아로 와서 재기의 기회를 엿보고

있었다. 아인슈타인은 가족의 권유를 받아들여 전기공학자가 되기 위해 대학에 진학하기로 마음을 먹었다. 그러나 김나지움의 졸업장이 없었기 때문에 독일의 대학에는 진학할 수가 없었고 독일어를 사용하는 스위스의 학교를 택해야 했다. 결국 아인슈타인은 취리히에 있는 연방공과대학(Eidgenössische Technische Hochschule, ETH)에 진학하기 위해 입학시험을 쳤는데, 수학과 물리학 성적은 뛰어났으나 다른 과목에서는 낙제를 했다. 그는 교수의 권유로 불충분한 과목을 보충하기 위하여 스위스의 아라우에 있는 아르가우 칸톤 학교를 1년간 다녔다.

칸톤 학교에서 아인슈타인은 독일의 김나지움과는 아주 다른 인상을 받았다. 그 학교는 매우 민주적으로 운영되었고 고전어 교육보다는 수학과 실용적 학문을 강조하고 있었다. 칸톤 학교에서의 교육은 아인슈타인의 자유로운 사고를 형성하는 데 많은 영향을 미쳤다. 훗날 아인슈타인은 그 학교에 대해서 "유럽의 오아시스라 할 수 있는 스위스에서, 잊지 못할 오아시스였다"라고 극찬했다. 칸톤 학교에 다니면서 아인슈타인은 물체가 빛의 속도로 달리면 어떤 현상이 나타날 것인가에 대한 생각을 했고, 1895년경에는 「자기장 내 에테르의 상태에 관한 연구」라는 제목의 첫 과학 에세이를 작성하기도 했다.

직장 일과 과학연구를 병행하다

아인슈타인은 1896년에 연방공과대학에 입학했다. 그해에 그는 독일 국적을 포기하고 무국적인이 되었다. 대학 시절에 아인슈타인은 민코프스키(Hermann Minkowski)와 같은 유명한 수학자로부터 수학을 배웠다. 그러나 민코프스키가 아인슈타인을 "수업 시간에 아주 게으른 학생"으로 평가했듯이, 아인슈타인은 그렇게 성실한 학생이 아니었다. 급우인 그로스만(Marcel Grossman)이 노트를 빌려 주지 않았다면 아인슈타인이 대학을 졸업하지 못했을 것이라는 의견도 있다. 그렇다고 해서 아인슈타인이 공부를 멀리 한 것은 결코 아니었다. 그는 물리실험 수업에는 아주 열심히 참여했고, 학교 수업과는 별도로 헬름홀츠(Hermann von Helmholtz), 맥스웰(James C. Maxwell), 헤르츠(Heinrich R. Hertz), 로렌츠(Hendrik Lorentz) 등과 같은 물리학 대가들의 책을 집중적으로 독파했다.

아인슈타인은 1900년에 연방공과대학을 졸업했지만, 시민권이 없어서 취직이 잘 되지 않았다. 그는 한동안 가정교사 생활을 했으며, 천문대의 계산 사무를 도와주는 보조원이나 직업학교의 물리 담당 임시 교사를 하기도 했다. 아인슈타인은 1901년에 스위스 시민권을 얻었고, 다음 해에는 절친한 친구이던 베쏘(Michele Besso)의 도움으로 베른에 있는 연방특허국의 서기로 취직할 수 있었다. 어느 정도 생활이 안정되자 아인슈타인은 대학 시절부터 사귀었던 밀레바 마리치(Mileva Marić)와 1903년에 결혼식을 올렸다. 밀레바는 결혼 전인 1902년에 딸 리제를(Lieserl)을 낳았고, 1904년에 첫째 아들인 한스 알베르트(Hans Albert), 1910년에 둘째 아들인 에두아르트(Eduard)를 낳았다. 한편 밀레바에 대해서는 그녀가 아인슈타인보다 더 똑똑했으며, 아인슈타인의 초기 업적이 원래는 그녀의 것이라는 주장이 제기되기도 한다.

아인슈타인은 특허국에서 5년 동안 근무했다. 그는 특허국에서 근무하는 동안에도 물리학 연구를 계속했고 올림피아 아카데미라는 모임을 만들어 토론을 즐겼다. 훗날 그는 특허국 시절을 회상하면서 다음과 같이 말했다. "학문을 직업으로 가지면 아무래도 생활을 위한 학문이 되기 때문에 사무적이고 깊이가 없는 학문이 되기 쉽다. …… 그렇기 때문에 진짜 재능이 있는 학자는 오히려 학문 이외의 다른 직업을 가지는 편이 더 좋다고 생각한다. 직업은 아무거나 좋다. …… 그 직업으로 생계를 유지하면서 근무 시간 외의 여가 시간에는 자신이 정말 좋아하는 연구를 하게 되면, 세상 사람들의 눈치를 볼 필요도 없을 것이고, 또 자기 마음대로 독창적인 일을 할 수 있게 될 것이기 때문이다."

우리는 흔히 아인슈타인이 특허국에서 근무했음에도 불구하고 훌륭한 과학적 업적을 달성했다고 생각하는 경향이 있지만, 최근의 과학사 연구는 아인슈타인이 특허국에서 근무했기 때문에 특수상대성이론을 정립할 수 있었다는 점을 보여 주고 있다. 예를 들어, 갤리슨(Peter Galison)은 「아인슈타인의 시계들」이란 논문에서 당시에는 철도의 발전으로 시계의 동기화에 관한 관심이 고조되어 있었고, 아인슈타인은 그와 관련된 특허들에 둘러싸여 있었기 때문에 '동시성'이라는 독특한 개념에 착안할 수 있었다고 주장하고 있다. 아인슈타인의 특수상대성 이론에 관한 논문에도 다음과 같은 구절이 나온다. "내가 '저 기차는 7시에 여기에 도착한다'라고 말한다면, 이는 '내 시계의 작은 바늘이 7을 가리키는 사건과 기차가 도착하는 사건이 동시적 사건이다'라는 점을 의미한다."

가장 주목할 만한 과학 문헌 -「물리학 연보」제17권

1905년은 놀라운 해였다. 그해에 아인슈타인은 다섯 편의 논문을 잇달아 발표했다. 「빛의 발생과 변화에 관련된 발견에 도움이 되는 견해에 대하여」(3월), 「분자 차원의 새로운 결정」(4월), 「정지 액체 속에 떠 있는 작은 입자들의 운동에 대하여」(5월), 「운동하는 물체의 전기역학에 대하여」(6월), 「물체의 관성은 에너지 함량에 의존하는가」(9월) 등이 그것이다. 그 중에서 4월 논문을 제외한 네 편의 논문은 저명한 학술지인 「물리학 연보(Annalen der Physik)」 제17권에 실렸다. 이에 대하여 1954년 노벨물리학상 수상자인 보른(Max Born)은 "모든 과학 문헌들 가운데 가장 주목할 만한 것을 추천하라고 한다면, 나는 「물리학 연보」 제17권을 택할 것이다"라고 말하기도 했다.

1905년 3월 논문은 광양자 가설에 관한 것이었다. 당시에는 빛의 파동설이 지배적이었지만, 아인슈타인은 빛을 포함한 전자기파들이 에너지 덩어리와 같은 움직이는 입자라는 가설을 세웠고 이를 통해 금속에 빛을 쏘이면 전자가 튀어나와 전기가 흐른다는 광전효과를 설명했다. 4월의 논문에서는 원자나 분자가 과학자들의 상상에 불과하다는 마흐(Ernst Mach)의 주장을 반박하면서 분자의 크기를 측정할 수 있는 새로운 방법을 제안했다. 아인슈타인은 이 논문을 바탕으로 1906년 취리히대학에서 물리학 박사학위를 받았다. 5월의 논문은 물 위의 꽃가루가 마치 살아 있는 것처럼 제멋대로 돌아다니는 브라운운동(Brownian motion)을 설명한 것이었다. 아인슈타인은 브라운운동이 물 분자가 꽃가루 입자에 부딪히기 때문에 나타난 현상이라고 설명하면서 통계분석을 이용하여 불규칙하게 움직이는 꽃가루의 이동 거리와 시간을 계산했다.

1905년 6월 논문은 상대성이론에 관한 것이었다. 아인슈타인의 상대성이론은 고전역학과 전자기학의 불일치를 해결하는 과정에서 등장했다. 즉, 등속운동을 하는 두 좌표계에서 관측되는 모든 역학법칙이 동일한 형태를 취한다는 상대성원리가 전자기학의 법칙에 대해서는 성립하지 않았던 것이다. 이에 대하여 아인슈타인은 광속도 불변의 원리를 바탕으로 등속도로 움직이는 모든 관측자들에게 전자기학 법칙이 불변으로 유지될 수 있는 방법을 제안했다. 그 결과 시간과 공간은 절대적인 것이 아니라 관측자에 따라 변화하는 상대적인 성격을 띠게 되었고, 당시의 전자기학이 가정하고 있었던 에테르(ether)라는 가상적인 물질의 존재가 부정되었다. 이와 관련하여 로렌츠는 1904년에 아인슈타인과 동일한 형태의 방정식을 제안했지만, 그것은 특정한 전자 모형을 가정했을 때에만 적용될 수 있었던 반면 아인슈타인의 상대성이론은 전자의 성질과는 무관하게 모든 물리현상에 보편적으로 적용되는 것이었다. 9월 논문은 전자기학 이외의 다른 문제들에도 상대성이론을 적용한 것으로서 그 논문에서 아인슈타인은 '질량 에너지 등가 원리'로 불리는 $E=mc^2$를 제안했다.

이러한 업적으로 인하여 아인슈타인은 샛별과 같이 유망한 과학자로 부상했다. 그는 1909년에 취리히 대학의 이론물리학 특별교수가 되었고, 1911년에는 프라하 대학의 교수, 1912년에는 자신의 모교인 연방공과대학의 교수가 되었다. 아인슈타인의 상대성이론이 확산되는 데에는 독일 과학계의 거물인 플랑크(Max Planck)의 역할이 컸다. 그는 아인슈타인이 논문을 발표했던 「물리학 연보」의 편집인이었고, 베를린 대학에서 자신의 제자들이 상대성이론을 주제로 공부를 하도록 했으며, 본인 스스로 상대성이론에 관한 해설 논문을 작성하기도 했다. 플랑크는 1913년에 아인슈타인을 찾아와 카이저 빌헬름 협회(Kaiser Wilhelm Gesellschaft)의 물리학연구소 소장직과 베를린 대학의 겸임교수직을 제안했다. 아인슈타인은 스위스 국적을 버리지 않는다는 조건으로 1914년에 베를린으로 갔고 거기서 독일 시민권도 얻었다.

유별난 노벨상 수상

1907년 이후에 아인슈타인의 연구는 일반상대성이론에 집중되어 있었다. 1905년의 상대성이론이 등속운동에 국한되었던 '특수'상대성이론이었던 반면 이후에 아인슈타인이 집중적으로 탐구한 '일반'상대성이론은 등속운동뿐만 아니라 가속운동에도 적용될 수 있는 것이었다. 아인슈타인은 약 10년에 걸친 노력을 바탕으로 1916년 3월에 「일반상대성이론의 기초」라는 논문을 「물리학 연보」에 발표했다. 그 논문에서 아인슈타인은 흔히 만유인력으로 불리는 중력의 효과가 그 중력을 받고 있는 관측계의 가속도효과와 본질적으로 동일한 것이어서 중력효과 자체를 시간과 공간의 구조 속에서 흡수시켜 설명할 수 있다고 주장했다. 일반상대성이론에 따르면, 시간과 공간이 4차원 구조를 가졌을 뿐만 아니라 시공간 자체가 휘어질 수 있는 구조를 가지고 있으며, 그것은 비(非)유클리드 기하학의 곡면기하를 통해 다루어질 수 있다.

아인슈타인은 1916년의 논문에서 자신의 이론을 검증할 수 있는 사례로 수성의 근일점이 1세기에 43초만큼 궤도상에서 돈다는 점과 빛이 중력장 속에서 굴절되며 적색편이를 보인다는 점을 제시했다. 그중에서 수성의 근일점이 궤도상에서 돈다는 것은 이미 19세기 중반에 관측된 바 있었다. 태양 주변에서 빛이 휘는 현상은 1919년 5월 29일의 개기일식 때 영국의 탐사대에 의해 처음으로 관측되었다. 같은 해 11월 6일에 소집된 영국 왕립학회와 왕립천문학회의 합동회의에서 에딩턴(Arthur S. Eddington)을 비롯한 영국의 과학자들은 아인슈타인의 예언이 확증되었다고 발표했다. 다음 날에 이 사실이 언론

기관을 통해 대서특필되면서 아인슈타인은 일반인에게도 유명한 인사가 되었다.

1919년은 아인슈타인이 그의 사촌 누이인 엘자 뢰벤탈(Elsa Löwenthal)과 재혼한 해이기도 했다. 아인슈타인은 베를린에 정착했던 1914년부터 밀레바와 별거를 하다가 1918년에

일반상대성이론을 입증한
1919년의 개기일식.

이혼했다. 아인슈타인과 엘자는 1912년에 처음 만났으며 5년 동안의 동거를 거쳐 결혼에 이르렀다. 아인슈타인의 말을 빌리자면, 엘자는 "뚱뚱하고 얼굴이 넓고 조심성 있는 아낙네"였다.

아인슈타인은 일반상대성이론을 발표한 직후부터 엘자와 함께 숱한 강연을 다녔다. 아인슈타인은 유럽의 여러 도시를 다니면서 강연을 했는데, 주로 3등 열차를 이용했으며 항상 바이올린을 지니고 있었다고 한다. 그의 여행지 목록에는 유럽은 물론이고 실론 섬, 일본, 팔레스타인 등도 포함되어 있었다. 아인슈타인이 1921년의 노벨물리학상 수상자로 결정되었다는 전보가 베를린의 집으로 전달되었을 때 아인슈타인과 엘자는 중국에서의 강연을 마치고 일본으로 향하고 있었다.

아인슈타인의 노벨상 수상도 유별났다. 그가 세계 순회강연을 하고 있었기 때문에 노벨상 수상식에는 스웨덴 주재 독일

대사가 대신해서 참석했다. 독일 대사는 아인슈타인이 1901년에 스위스 시민권을 받았다는 사실을 몰랐다. 이 때문에 아인슈타인이 독일 시민이냐 스위스 시민이냐를 놓고 상당한 논란이 벌어지기도 했다.

한편 아인슈타인의 노벨상은 "이론물리학에 기여하고, 특히 광전효과의 법칙을 발견한 공로로" 주어졌다. 당시의 노벨 물리학상은 이론보다는 실험을 강조하고 있었고, 혁명적 이론에 대해서는 보수적인 태도를 보였다. 아인슈타인은 1923년에 노벨상 수상 기념 강연회를 위해 스웨덴을 방문하여 역설적이게도 광전효과가 아닌 상대성이론에 대해 강연했다.

신은 주사위 놀이를 하지 않는다

아인슈타인이 독일로 건너왔던 1914년을 전후하여 세계 사회는 전쟁으로 얼룩지기 시작했다. 그해 10월에 아인슈타인은 독일의 군국주의와 제1차 세계대전을 막자고 유럽 사람들에게 보내는 성명서에 서명했다. 아인슈타인의 전쟁에 대한 혐오감은 1920년대에 들어와 더욱 가시화되었다. 그는 다른 국가에서는 과학과 평화의 사도로 보였지만, 패전 직후의 독일에서는 반(反)독일적인 유대인의 대표로 간주되었다. 그러나 아인슈타인은 이에 굴하지 않았으며, 국제연맹의 지식인 협력위원회를 매개로 평화주의운동을 지원하는 데 많은 노력을 기울였다.

그렇다고 해서 아인슈타인이 과학 연구를 중단한 것은 아니었다. 그는 1920년대 중반에 인도 과학자인 보즈(Satyendra N. Bose)와 함께 보즈-아인슈타인 통계를 개발했고, 드브로이(Louis de Brogile)의 물질파 이론과 슈뢰딩거(Erwin Schrödinger)의 파동역학을 적극적으로 지지했다. 특히, 아인슈타인은 전자기력과 중력 사이의 수학적 관계를 찾아내는 데 많은 노력을 기울였다. 아인슈타인은 그것이 우주 안에 있는 모든 것의 작용을 지배하는 일반 법칙을 발견하는 첫 단계가 된다고 믿었다. 그는 단일한 방정식으로 물질과 에너지의 보편적 속성들을 연관시키려고 했는데 그것은 나중에 통일장이론으로 불렸다.

아인슈타인은 양자역학의 탁월성을 충분히 인정했음에도 불구하고, 그 이론이 우연이나 확률을 도입하고 있기 때문에 만족스럽지 않다고 생각했다. 특히, 1927년에 양자역학에 대한 코펜하겐 해석이 등장한 이후에 아인슈타인은 그것의 문제점을 계속해서 지적했다. 아인슈타인은 1927년 10월에 개최된 제5차 솔베이 회의에서 보어(Niels Bohr)를 만나 양자역학의 성격에 대하여 며칠 동안 집

보어와 아인슈타인이 토론하는 모습(1925).

중적으로 논쟁을 벌이기도 했다. 이와 관련하여 아인슈타인은 "신은 주사위 놀이를 하지 않는다"라는 유명한 말을 남기기도 했다. "신은 교묘하지만 심술궂지는 않다"라는 것이었다. 이에 대해 보어는 "신이 어떻게 우주를 관장하는지를 규명하는 것은 우리의 일이 아니다"라고 반박했다고 한다.

1932년 12월 10일에 아인슈타인은 부인인 엘자와 함께 독일을 영원히 떠났다. 원래는 미국의 캘리포니아 공과대학을 둘러본 후에 다시 독일로 돌아오려고 했으나, 아인슈타인은 그것을 포기하고 말았다. 나치가 권력을 사실상 거머쥐면서 유대인들이 독일을 도망쳐 나오기 시작했던 것이다. 실제로 나치는 아인슈타인의 상대성이론을 '유대인의 물리학'이라고 폄하했고, 그가 소장하고 있었던 책을 불사르기도 했다.

아인슈타인은 1933년부터 죽을 때까지 미국 프린스턴에 있는 고등연구소(Institute for Advanced Study)의 교수로 지냈다. 프린스턴에서 아인슈타인은 20년 이상을 거의 변화가 없는 생활을 유지했다. 그와 아내는 소박한 2층 목조 가옥에서 살았으며, 세계 각국에서 방문하는 손님들을 소박하게 대접했다. 그의 연구실에는 칠판과 책상과 의자, 그리고 논문들이 쌓인 선반 이외에는 별다른 가구가 없었다. 그곳에서 아인슈타인은 통일 장이론을 완성하기 위해 끊임없이 도전했다. 한번은 어떤 사람이 아인슈타인에게 실험실을 보여 달라고 하자, 아인슈타인은 자신의 주머니에서 만년필을 꺼내며, "내 실험실은 여기에 있습니다"라고 응답했다고 한다.

평화를 사랑한 과학자

아인슈타인은 미국에 있으면서 독일에서 벌어지는 비극적인 사건들을 하나하나 들었다. 그는 열정적으로 반전을 주장했으나 이제 전쟁에는 예외가 있다는 것을 인정하지 않을 수 없었다. 그 전쟁은 나치를 종식시키는 전쟁이었다. 아인슈타인은 히틀러 제국에서 탈출한 사람을 돕는 일에 헌신했다. 그는 미국에서 일자리를 구하려는 유대인과 망명자들을 위해 수많은 추천서를 썼다. 1939년에는 나치가 먼저 원자탄을 만들 것이라는 우려를 바탕으로 실라르드(Leo Szilard)와 함께 루스벨트 대통령에게 "경계를 해야 하며 만일 필요하다면 빠른 조치를 취해야 한다"라는 편지를 쓰기도 했다.

1940년에 아인슈타인은 미국 시민권을 얻었지만, 자신을 항상 유럽인으로 생각했다. 아인슈타인은 세계 평화를 유지하는 유일한 방법이 세계 정부에 있다고 믿었다. 개별 국가의 지도자들이 단 하나의 초국가적인 정부를 따를 때에만 세계 평화가 유지된다는 것이었다. 1947년에 아인슈타인은 모든 국제연합 대표들에게 편지를 보냈다.

"국제연합은 세계의 인민과 정부에게 단지 최종 목적을 이루기 위한 과도적인 체제일 뿐이라는 사실을 알게 해 준다는 점에서 상당히 중요하고 유용한 기관입니다. 최종 목적은 충분한 합법성과 평화유지를 위한 실행력을 갖춘 초국가적인 권위 기구를 설립하는 것입니다."

1945년에 일본 히로시마에 원자탄이 투하되자 아인슈타인은 "오, 슬프도다"라는 말로 자신의 심경을 토로했다. 1946년에는 몇몇 과학자들과 함께 핵과학자 비상회의를 설립하여 핵무기의 국제적 통제가 필요하다는 점을 강조했다. 1955년에는 영국의 수학자이자 철학자인 러셀(Bertrand Russell)과 함께 핵무기 폐기와 과학기술의 평화로운 이용을 호소한 선언문을 작성했다. 아인슈타인은 "우리는 단지 의도만 해서는 안 되고, 세계 안전에 필요한 속박된 권위에 우리 자신을 복속시키려는 적극적인 열성을 가져야 한다"라고 역설했다.

아인슈타인은 미국의 반공주의자들로부터 공산주의자라는 누명을 쓰기도 했다. 그들은 아인슈타인이 "수년 전부터 공산주의자로 활약해 왔으며, 지금 그가 퍼뜨리고 있는 허튼 소리는 공산당 노선의 이행일 뿐이다"라며 비난했다. 연방수사국(FBI)의 후버(John E. Hoover) 국장은 아인슈타인의 사상보고서를 작성하기도 했는데, 그 보고서에서 아인슈타인은 1947년부터 1954년까지 34개 공산주의 단체와 연관된 골수 공산주의자로 간주되었다. 심지어 그 보고서는 1923~1929년에 아인슈타인의 집이 독일 공산주의자들의 본거지이자 회합장소였다고 묘사하기도 했다.

아인슈타인은 1948년에 혈관확장증으로 인하여 복부의 대동맥류가 터질 위험성이 있다는 진단을 받았다. 그러나 그는 수술을 거부했다. "내가 원할 때 가고 싶다. 생명을 억지로 연장하는 것은 재미없는 일이다." 아인슈타인은 1955년에 76세의 일기로 평화롭게 눈을 감았다.

아인슈타인은 생활필수품을 최소한으로 사용하는 것으로 유명했다. 머리를 길게 기르고 있으니 이발소에 갈 필요가 거의 없었다. 늘 허름한 옷을 입었고 양말도 신고 다니지 않았다. 학자들이 욕심을 내기 마련인 연구실의 경우에도 넓은 것을 사양하면서 좁은 것으로 바꾸어 달라고 했다. 생활상의 욕구를 최소한으로 줄임으로써 거기에 구속당하는 것을 피했던 것이다.

참고문헌

__ 국내 단행본

게일 크리스티안슨, 정소영 옮김, 『만유인력과 뉴턴』, 바다출판
사, 2002.

고타로 나와, 이채욱 옮김, 『벤처 CEO 에디슨』, 북스힐, 2005.

김영식, 『과학혁명: 전통적 관점과 새로운 관점』, 아르케, 2001.

김영식·임경순, 『과학사신론』 제2판, 다산출판사, 2007.

데니 브라이언, 채은진 옮김, 『아인슈타인, 신이 선택한 인간』,
말글빛냄, 2006.

데이비드 클라크·스티븐 클라크, 이면우 옮김, 『독재자 뉴턴』,
몸과마음, 2002.

레베카 스테포프, 이한음 옮김, 『진화론과 다윈』, 바다출판사,
2002.

리처드 웨스트폴, 최상돈 옮김, 『프린키피아의 천재』, 사이언스
북스, 2001.

로이 포터, 조숙경 옮김, 『2500년 과학사를 움직인 인물들』, 창작
과 비평사, 1999.

박민아·김영식 엮음, 『프리즘: 역사로 과학 읽기』, 서울대학교
출판부, 2007.

뽈 망뚜, 김종철·정윤형 옮김, 『산업혁명사』(전 2권), 창작과 비
평사, 1987.

송성수, 『청소년을 위한 과학자 이야기』, 신원문화사, 2002.

시릴 아이돈, 김보영 옮김, 『찰스 다윈』, 에코리브르, 2004.

오진곤, 『과학사총설』, 전파과학사, 1996.

윌리엄 쉬어·마리아노 아르티가스, 고종숙 옮김, 『갈릴레오의 진
실』, 동아시아, 2006.

웨이드 로랜드, 정세권 옮김, 『갈릴레오의 치명적 오류: 과학만
큼 돈과 명예를 사랑한 지식인』, 미디어윌, 2003.

임경순, 『현대 물리학의 선구자들』 다산출판사, 2001.

임경순, 『100년 만에 다시 찾는 아인슈타인』 사이언스북스, 1997.

제레미 번스타인, 이상헌 옮김, 『E=mc²과 아인슈타인』, 바다출판사, 2002.

제임스 맥라클란, 이무현 옮김, 『물리학의 탄생과 갈릴레오』, 바다출판사, 2002.

존 그리빈·메리 그리빈, 이충호 옮김, 『과학이야기』, 푸른숲, 2007.

진 아데어, 장석봉 옮김, 『위대한 발명과 에디슨』, 바다출판사, 2002.

질 존스, 이충환 옮김, 『빛의 제국: 에디슨, 테슬라, 웨스팅하우스 그리고 전류전쟁』, 양문, 2006.

찰스 길리스피, 이필렬 옮김, 『객관성의 칼날: 근대 과학사상의 역사』, 새물결, 1999.

피터 보울러, 한국동물학회 옮김, 『찰스 다윈』, 전파과학사, 1999.

피터 보울러·이완 모러스, 김봉국·서민우·홍성욱 옮김, 『현대과학의 풍경』 전 2권, 궁리, 2008.

피터 스미스, 최진성 옮김, 『인간 아인슈타인』, 시아출판사, 2005.

홍성욱, 『갈릴레오와 뉴턴』, 삼성출판사, 2007.

홍성욱·이상욱 외, 『뉴턴과 아인슈타인, 우리가 몰랐던 천재들의 창조성』, 창비, 2004.

박민아, 『뉴턴&데카르트 : 거인의 어깨에 올라선 거인』, 김영사, 2006.

알베르트 아인슈타인, 홍수원 외 옮김, 『아인슈타인의 나의 세계관』, 중심, 2003.

이현경, 『아인슈타인&보어: 확률의 과학, 양자역학』, 김영사, 2006.

장대익, 『다윈&페일리: 진화론도 진화한다』, 김영사, 2006.

__ 국외 단행본

Biagioli, Mario, *Galileo, Courtier: The Practice of Science in the Culture of Absolutism*, University of Chicago Press, 1993.

Bowler, Peter J., *Evolution: The History of an Idea*, University of California Press, 1989.

Bunch, Bryan and Alexander Hellemans, *The Timetables of Technology*, Touchstone, 1993.

Galison, Peter, "Einstein's Clocks: The Place of Time", *Critical Inquiry* 26, 2000, pp. 355~389.

Gillispie, Charles C. ed., *Dictionary of Scientific Biography*, 18 vols., Charles Scribner's Sons, 1970~1990.

Hellemans, Alexander and Bryan Bunch, *The Timetables of Science*, Simon & Schuster, 1988.

Hughes, Thomas P., *Networks of Power: Electrification in Western Society, 1880~1930*, Johns Hopkins University Press, 1983.

Israel, Paul, *Edison: A Life of Invention*, John Wiley & Sons, 1998.

Marsden, Ben, *Watt's Perfect Engine: Steam and the Age of Invention*, Columbia University Press, 2004.

Westfall, Richard S., *Never at Rest: A Biography of Isaac Newton*, Cambridge University Press, 1980.

__ 웹사이트

http://en.wikipedia.org/

http://inventors.about.com/

http://www.time.com/time/time100/scientist/

http://www.todayinsci.com/

과학기술의 개척자들 갈릴레오에서 아인슈타인까지

펴낸날	초판 1쇄 2009년 8월 1일
	초판 3쇄 2014년 4월 4일

지은이	송성수
펴낸이	심만수
펴낸곳	(주)살림출판사
출판등록	1989년 11월 1일 제9-210호

주소	경기도 파주시 광인사길 30
전화	031-955-1350 팩스 031-624-1356
기획·편집	031-955-4662
홈페이지	http://www.sallimbooks.com
이메일	book@sallimbooks.com

ISBN	978-89-522-1220-7 04080

126 초끈이론 아인슈타인의 꿈을 찾아서 · eBook

박재모(포항공대 물리학과 교수) · 현승준(연세대 물리학과 교수)

빠르게 발전하고 있는 초끈이론을 일반대중이 이해할 수 있도록 쉽게 풀어쓴 책. 중력을 성공적으로 양자화하고 모든 종류의 입자와 그들 간의 상호작용을 포함하는 모형으로 각광받고 있는 초끈이론을 설명한다. 초끈이론을 이해하기 위해 필요한 양자역학이나 일반상대론 등 현대물리학의 제 분야에 대해서도 알기 쉽게 소개한다.

125 나노 미시세계가 거시세계를 바꾼다 · eBook

이영희(성균관대 물리학과 교수)

박테리아 크기의 1000분의 1에 해당하는 크기인 '나노'가 인간 세계를 어떻게 바꿔 놓을 것인지에 대한 해답을 제시하는 책. 나노기술이란 무엇이고 나노크기의 재료들은 어떻게 만들어지는가, 나노크기의 재료들을 어떻게 조작해 새로운 기술들을 이끌어내는가, 조작을 통해 어떤 기술들을 실현하는가를 다양한 예를 통해 소개한다.

448 파이온에서 힉스 입자까지 · eBook

이강영(경상대 물리교육과 교수)

누구나 한번쯤 '우주는 어디에서 시작됐을까?' '물질의 근본은 어디일까?'와 같은 의문을 품어본 적은 있을 것이다. 물질과 에너지의 궁극적 본질에 다가서면 다가설수록 우주의 근원을 이해하는 일도 쉬워진다고 한다. 이 책은 바로 이러한 질문들의 해답을 찾기 위해 애쓰는 물리학자들의 긴 여정을 담고 있다.

035 법의학의 세계 · eBook

이윤성(서울대 법의학과 교수)

최근 드라마나 영화를 통해 일반인의 호기심을 자극하고 있지만 거의 알려지지 않은 법의학을 소개한 책. 법의학의 여러 분야에 대한 소개, 부검의 필요성과 절차, 사망의 원인과 종류, 사망시각 추정과 신원확인, 교통사고와 질식사 그리고 익사와 관련된 흥미로운 사건들을 통해 법의학에 대한 이해를 돕는다.

395 적정기술이란 무엇인가　　eBook

김정태(적정기술재단 사무국장)

적정기술은 빈곤과 질병으로부터 싸우고 있는 전 세계의 사람들에게 희망을 안겨주는 따뜻한 기술이다. 이 책에서는 적정기술이 탄생하게 된 배경과 함께 적정기술의 역사, 정의, 개척자들을 소개함으로써 적정기술에 대한기본적인 이해를 돕고 있다. 소외된 90%를 위한기술을 통해 독자들은 세상을 바꾸는 작지만 강한 힘이란 무엇인가에 대해서 알 수 있을 것이다.

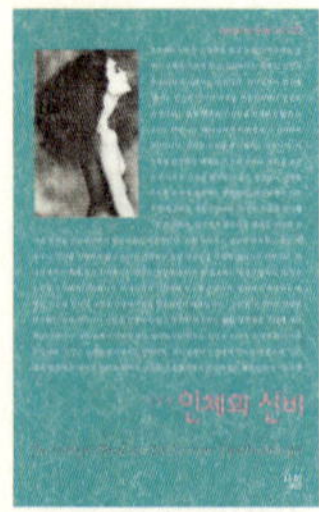

022 인체의 신비

이성주(코리아메디케어 대표)

내 자신이었으면서도 여전히 낯설었던 몸에 대한 지식을 문학, 사회학, 예술사, 철학 등을 접목시켜 이야기해 주는 책. 몸과 마음의 신비, 배에서 나는 '꼬르륵' 소리의 비밀, '키스'가 건강에 이로운 이유, 인간은 왜 언제든 '사랑'할 수 있는가에 대한 여러 학설 등 일상에서 일어나는 수수께끼를 명쾌하게 풀어 준다.

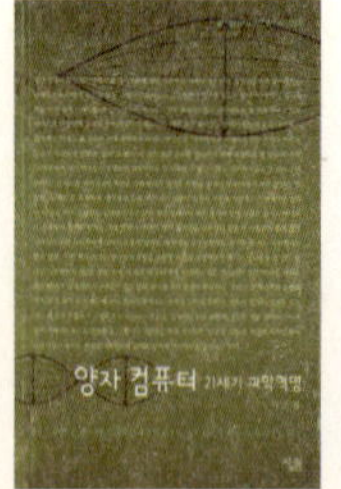

036 양자 컴퓨터　　eBook

이순칠(한국과학기술원 물리학과 교수)

21세기 인류 문명에서 가장 중요한 요소 중의 하나로 꼽히는 양자 컴퓨터의 과학적 원리와 그 응용의 효과를 소개한 책. 물리학과 전산학 등 다양한 학문적 성과의 총합인 양자 컴퓨터에 대한 이해를 통해 미래사회의 발전상을 가늠하게 해준다. 저자는 어려운 전문용어가 아니라 일반 대중도 이해가 가능하도록 양자학을 쉽게 설명하고 있다.

214 미생물의 세계　　eBook

이재열(경북대 생명공학부 교수)

미생물의 종류 및 미생물과 관련하여 우리 생활에서 마주칠 수 있는 여러 현상들에 대해, 알기 쉽게 풀어 설명한다. 책을 읽어나가며 독자들은 미생물들이 나름대로 형성한 그들의 세계가 인간의 그것과 다름이 없음을, 미생물도 결국은 생물이고 우리와 공생하고 있다는 사실을 알 수 있을 것이다.

375 레이첼 카슨과 침묵의 봄　　eBook

김재호(소프트웨어 연구원)

『침묵의 봄』은 100명의 세계적 석학이 뽑은 '20세기를 움직인 10권의 책' 중 4위를 차지했다. 그 책의 저자인 레이첼 카슨 역시 「타임」이 뽑은 '20세기 중요인물 100명' 중 한 명이다. 과학적 분석력과 인문학적 감수성을 융합하여 20세기 후반 환경운동에 절대적 영향을 준 레이첼 카슨과 『침묵의 봄』에 대한 짧지만 알찬 안내서.

277 사상의학 바로 알기　　eBook

장동민(하늘땅한의원 원장)

이 책은 사상의학이라는 단어는 알고 있지만 심리테스트 정도의 흥밋거리로 알고 있는 사람들에게 바른 상식을 알려 준다. 또한 한의학이나 사상의학을 전공하고픈 학생들의 공부에 기초적인 도움을 준다. 사상의학의 탄생과 역사에서부터 실생활에서 적용할 수 있는 간단한 사상의학의 방법들을 소개한다.

356 기술의 역사 떼석기에서 유전자 재조합까지

송성수(부산대학교 기초교육원 교수)

우리는 기술을 단순히 사물의 단계에서 생각하기 쉽다. 하지만 기술에는 인간의 삶과 사회의 배경이 녹아들어 있다. 기술의 역사를 통해 우리는 기술과 문화, 기술과 인간의 삶을 연결시켜 생각할 수 있게 될 것이다. 이 책을 읽은 후 주변에 있는 기술을 다시 보게 되면, 그 기술이 뭔가 다른 느낌으로 다가올 것이다.

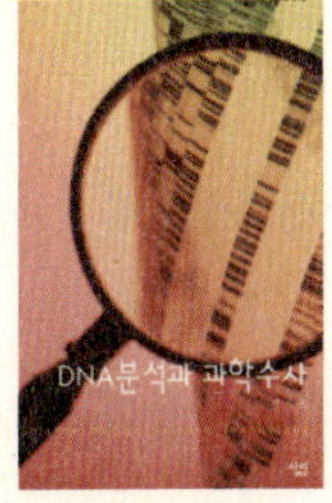

319 DNA분석과 과학수사　　eBook

박기원(국립과학수사연구소 연구관)

범죄수사에서 유전자분석에 대한 관심이 커지고 있지만 간단하게 참고할 만한 책은 거의 없는 실정이다. 이 책은 적은 분량이지만 가능한 모든 분야와 최근의 동향을 소개하고 있다. 특히, 내용의 이해를 돕기 위하여 서래마을 영아유기사건이나 대구지하철 참사 신원조회 등 실제 사건의 감정 사례를 소개하는 데도 많은 비중을 두었다.

eBook 표시가 되어있는 도서는 전자책으로 구매가 가능합니다.

(주)살림출판사
www.sallimbooks.com
주소 경기도 파주시 문발동 522-1 | 전화 031-955-1350 | 팩스 031-955-1355